Extra Graphic Material From: www.freepik.com
Thanks to: Alekksall, Starline, Pch.vector, Rawpixel.com, Vectorpocket, Dgim-studio, Upklyak, Macrovector, Stockgiu, Pikisuperstar & Freepik.com Designers

This Book Comes With Free Bonus Puzzles

Available Here:

BestActivityBooks.com/WSBONUS20

5 TIPS TO START!

1) HOW TO SOLVE

The Puzzles are in a Classic Format:

- Words are hidden without breaks (no spaces, dashes, ...)
- Orientation: Forward & Backward, Up & Down or
  in Diagonal (can be in both directions)
- Words can overlap or cross each other

2) ACTIVE LEARNING

To encourage learning actively, a space is provided next to each word
to write down the translation. The **DICTIONARY** allows you to
verify and expand your knowledge. You can look up and write down
each translation, find the words in the Puzzle then add them to your
vocabulary!

3) TAG YOUR WORDS

Have you tried using a tag system? For example, you could mark the
words which have been difficult to find with a cross, the ones you loved
with a star, new words with a triangle, rare words with a diamond and
so on...

4) ORGANIZE YOUR LEARNING

We also offer a convenient **NOTEBOOK** at the end of this edition. Whether on vacation, travelling or at home, you can easily organize your new knowledge without needing a second notebook!

5) FINISHED?

Go to the bonus section: **MONSTER CHALLENGE** to find a free game offered at the end of this edition!

Want more fun and learning activities? It's **Fast and Simple!**
An entire Game Book Collection just **one click away!**

Find your next challenge at:

BestActivityBooks.com/MyNextWordSearch

Ready, Set... Go!

Did you know there are around 7,000 different languages in the world? Words are precious.

We love languages and have been working hard to make the highest quality books for you. Our ingredients?

A selection of indispensable learning themes, three big slices of fun, then we add a spoonful of difficult words and a pinch of rare ones. We serve them up with care and a maximum of delight so you can solve the best word games and have fun learning!

Your feedback is essential. You can be an active participant in the success of this book by leaving us a review. Tell us what you liked most in this edition!

Here is a short link which will take you to your order page.

BestBooksActivity.com/Review50

Thanks for your help and enjoy the Game!

Linguas Classics Team

1 - Food #1

```
S  F  O  K  H  A  G  Y  M  A  B  S  S  Ó
H  W  N  P  Ö  Á  X  V  F  F  A  A  Á  Z
E  S  C  I  T  R  O  M  Z  E  Z  L  R  T
C  P  D  F  S  P  T  K  O  H  S  Á  G  G
G  E  E  K  L  A  Z  E  F  É  A  T  A  Y
T  N  W  R  C  U  K  O  R  R  L  A  R  Ü
M  Ó  L  E  V  E  S  V  W  R  I  D  É  M
A  T  T  A  M  C  F  T  L  É  K  D  P  Ö
W  O  E  Z  W  S  T  C  L  P  O  F  A  L
J  N  N  J  H  Y  I  I  B  A  M  F  M  C
U  H  S  Á  R  G  A  B  A  R  A  C  K  S
F  A  H  É  J  P  C  W  F  S  X  G  M  L
Z  L  T  L  T  U  H  A  G  Y  M  A  F  É
F  Ö  L  D  I  M  O  G  Y  O  R  Ó  H  M
```

SÁRGABARACK	FÖLDIMOGYORÓ
ÁRPA	KÖRTE
BAZSALIKOM	SALÁTA
SÁRGARÉPA	SÓ
FAHÉJ	LEVES
FOKHAGYMA	SPENÓT
GYÜMÖLCSLÉ	EPER
CITROM	CUKOR
TEJ	TONHAL
HAGYMA	FEHÉRRÉPA

2 - Castles

```
H  S  N  E  M  E  S  O  L  B  P  K  Z  Y
E  Á  F  G  R  F  E  U  D  Á  L  I  S  T
R  R  D  Y  W  Ő  T  B  K  J  Ó  R  F  O
C  K  Y  S  J  N  D  K  A  R  D  Á  K  R
E  Á  K  Z  R  P  L  O  V  A  G  L  V  O
G  N  S  A  D  H  E  R  C  E  G  Y  U  N
N  Y  A  R  T  I  O  O  L  P  P  S  Z  Y
Ő  K  A  V  W  A  N  N  R  J  P  Á  G  Y
M  K  P  Ú  S  F  P  A  W  N  A  G  N  W
A  J  R  P  V  W  O  U  S  H  L  X  S  R
P  A  J  Z  S  F  O  G  L  Z  O  H  U  B
B  I  R  O  D  A  L  O  M  T  T  R  S  F
A  B  J  T  Z  L  T  M  T  D  A  I  N  Z
K  V  O  A  P  Á  N  C  É  L  Y  X  A  X
```

PÁNCÉL	LOVAG
KATAPULT	NEMES
KORONA	PALOTA
SÁRKÁNY	HERCEG
DINASZTIA	HERCEGNŐ
BIRODALOM	PAJZS
FEUDÁLIS	KARD
ERŐD	TORONY
LÓ	EGYSZARVÚ
KIRÁLYSÁG	FAL

3 - Exploration

```
F  Z  V  N  U  I  E  B  N  G  T  T  B  K
K  B  X  O  Y  J  Z  X  E  U  E  Á  Á  I
R  J  C  A  N  Z  D  G  E  H  R  V  T  M
M  W  A  A  S  F  B  V  A  D  E  O  O  E
K  U  L  T  Ú  R  Á  K  C  L  P  L  R  R
M  U  T  A  Z  Á  S  T  L  F  O  I  S  Ü
B  X  V  E  S  Z  É  L  Y  E  S  M  Á  L
M  E  G  H  A  T  Á  R  O  Z  Á  S  G  T
F  F  Ú  V  F  E  L  F  E  D  E  Z  É  S
R  O  J  T  É  R  L  L  I  H  X  N  P  É
G  P  F  H  M  M  A  Z  I  B  I  Y  R  G
I  S  M  E  R  E  T  L  E  N  Y  E  B  L
Z  V  U  H  M  X  O  T  A  N  U  L  N  I
I  T  L  O  O  L  K  V  E  E  I  V  Y  J
```

ÁLLATOK	ÚJ
BÁTORSÁG	VESZÉLYES
KULTÚRÁK	TÉR
MEGHATÁROZÁS	TEREP
FELFEDEZÉS	TANULNI
TÁVOLI	UTAZÁS
IZGALOM	ISMERETLEN
KIMERÜLTSÉG	VAD
NYELV	

4 - Measurements

```
G  N  A  A  A  R  X  M  H  H  M  K  P  S
O  R  F  J  W  O  H  E  A  Ü  A  I  E  V
A  V  A  Z  B  O  O  E  C  V  G  L  R  C
I  X  D  M  M  G  X  J  E  E  A  O  C  U
S  X  D  B  M  X  H  F  O  L  S  G  S  R
K  I  L  O  M  É  T  E  R  Y  S  R  V  V
H  O  S  S  Z  E  P  C  S  K  Á  A  M  G
G  T  T  I  P  L  I  T  E  R  G  M  O  M
D  I  O  R  U  M  N  X  U  J  R  M  I  É
Z  Z  N  O  G  J  T  J  B  N  B  Z  M  R
C  E  N  T  I  M  É  T  E  R  C  Á  L  Ő
N  D  A  U  X  T  Ö  M  E  G  T  I  J  R
C  E  M  É  L  Y  S  É  G  R  A  M  A  T
M  S  Ú  L  Y  F  O  K  O  Z  A  T  Z  T
```

BÁJT	HOSSZ
CENTIMÉTER	LITER
TIZEDES	TÖMEG
FOKOZAT	MÉRŐ
MÉLYSÉG	PERC
GRAMM	UNCIA
MAGASSÁG	PINT
HÜVELYK	TONNA
KILOGRAMM	SÚLY
KILOMÉTER	

5 - Farm #2

```
O V J G P N S L E R Z O O Ö
W B U B Á E Ö L V U C C B N
V Ú H C S V A V U V T U Á T
K Z S Y Z O H Y É F U F R Ö
K A S Z T E J B J N H L Á Z
U C C V O A Y G V C Y I N É
K G L S R C D Z K D U I Y S
O A S N A G Y Ü M Ö L C S Y
R Z P S Z É L M A L O M S O
I D A D S D V Z V X Y P Z E
C A J Á É L E L M I S Z E R
A R T R U W Á L L A T O K R
W É A P G Y Ü M Ö L C S Ö S
W T R A K T O R A T L D X M
```

ÁLLATOK	LÁMA
ÁRPA	RÉT
PAJTA	TEJ
KUKORICA	GYÜMÖLCSÖS
KACSA	JUH
GAZDA	PÁSZTOR
ÉLELMISZER	TRAKTOR
GYÜMÖLCS	NÖVÉNYI
ÖNTÖZÉS	BÚZA
BÁRÁNY	SZÉLMALOM

6 - Books

```
X O L E C D W R X H F S O E
T L E B E L P Z S L U Z L P
L V U B S K P D E C X E D I
N A K O N T E X T U S R A K
N S V E R S U T D R H Z L U
J Ó X N A R R Á T O R Ő N S
T Ö R T É N E T G Ő H G I U
T R A G I K U S O G S C T M
I R O D A L M I S K C S R Y
T Ö R T É N E L M I X R É D
G T A L Á L É K O N Y T F G
I D E V O N A T K O Z Ó Á F
K A L A N D R E G É N Y S B
K Ö L T É S Z E T Í R O T T
```

KALAND
SZERZŐ
KONTEXTUS
KETTŐSSÉG
EPIKUS
TÖRTÉNELMI
TRÉFÁS
TALÁLÉKONY
IRODALMI
NARRÁTOR

REGÉNY
OLDAL
VERS
KÖLTÉSZET
OLVASÓ
IDE VONATKOZÓ
TÖRTÉNET
TRAGIKUS
ÍROTT

7 - Meditation

```
E  U  Z  Y  A  O  K  T  B  B  X  V  N  K
L  E  O  E  F  X  E  E  J  É  V  W  H  Z
F  L  C  D  N  R  D  R  V  N  K  V  U  P
O  E  C  M  D  E  V  M  L  W  A  E  U  N
G  W  Y  O  H  R  E  É  K  K  M  T  G  Y
A  B  R  Z  X  U  S  S  E  D  S  Z  H  U
D  L  É  G  Z  É  S  Z  D  L  K  G  Á  G
Á  L  B  Á  X  R  É  E  V  M  M  H  L  O
S  X  R  S  Z  E  G  T  C  M  I  E  A  D
D  P  E  G  O  N  D  O  L  A  T  O  K  T
E  J  N  U  P  K  S  Z  O  K  Á  S  O  K
M  E  N  T  Á  L  I  S  C  S  E  N  D  P
E  G  Y  Ü  T  T  É  R  Z  É  S  Z  S  O
É  R  Z  E  L  M  E  K  N  G  J  K  W  H
```

ELFOGADÁS	MENTÁLIS
ÉBREN	ELME
LÉGZÉS	MOZGÁS
NYUGODT	ZENE
EGYÜTTÉRZÉS	TERMÉSZET
ÉRZELMEK	BÉKE
HÁLA	CSEND
SZOKÁSOK	GONDOLATOK
KEDVESSÉG	

8 - Days and Months

```
N O V E M B E R A J U É N M
P É N T E K P X U Ú X J V T
K F E H L R M W G L S H X L
N K B W I R V L U I A Z O W
S S Z O M B A T S U B J M R
L Z K U J V S X Z S J W N D
X F E B R U Á R T H É T F Ő
J A D R O N R N U M É G O Á
L R D E D J N A S Á O T K P
H Ó N A P A A P S R D P T R
P W A G Y N P T A C P F Ó I
S U M W J U E Á Z I A T B L
X Y X E T Á J R X U X G E I
C S Ü T Ö R T Ö K S S E R S
```

ÁPRILIS   NOVEMBER
AUGUSZTUS   OKTÓBER
NAPTÁR   SZOMBAT
FEBRUÁR   VASÁRNAP
PÉNTEK   CSÜTÖRTÖK
JANUÁR   KEDD
JÚLIUS   SZERDA
MÁRCIUS   HÉT
HÉTFŐ   ÉV
HÓNAP

9 - Chess

```
S  Z  Y  S  S  W  U  Á  L  D  O  Z  A  T
B  U  I  Z  T  Z  C  M  T  D  L  S  P  I
J  Z  H  A  R  E  O  K  I  R  Á  L  Y  Y
Á  T  G  B  A  E  S  I  D  Ő  S  E  L  Z
T  T  R  Á  T  L  V  H  P  W  E  X  O  T
É  Z  H  L  É  L  V  Í  O  C  T  P  K  A
K  G  R  Y  G  E  E  V  N  D  W  A  O  N
O  I  U  O  I  N  R  Á  T  L  Ó  S  S  U
S  B  R  K  A  F  S  S  O  H  K  S  B  L
M  J  A  Á  W  É  E  O  K  S  J  Z  M  N
J  H  T  J  L  L  N  K  Z  U  J  Í  L  I
O  S  U  Z  N  Y  Y  K  E  Y  T  V  J  O
J  D  B  A  M  O  N  J  Á  T  É  K  H  W
T  O  R  N  A  S  K  Ő  V  F  E  H  É  R
```

FEKETE	JÁTÉKOS
KIHÍVÁSOK	PONTOK
BAJNOK	KIRÁLYNŐ
OKOS	SZABÁLYOK
VERSENY	ÁLDOZAT
ÁTLÓS	STRATÉGIA
JÁTÉK	IDŐ
KIRÁLY	TANULNI
ELLENFÉL	TORNA
PASSZÍV	FEHÉR

10 - Food #2

```
G  T  S  C  R  F  W  J  N  C  I  K  O  P
W  O  C  S  B  I  Y  I  V  S  T  I  H  A
L  J  N  I  W  A  Z  K  R  O  P  V  D  R
G  Á  A  R  T  I  C  S  Ó  K  A  I  S  A
H  S  I  K  P  U  J  C  Z  O  D  Y  O  D
K  A  T  E  B  Y  Z  S  C  L  L  M  N  I
W  H  L  R  R  M  K  E  P  Á  I  O  K  C
S  A  J  T  O  W  Z  R  K  D  Z  S  A  S
X  Z  S  C  K  V  G  E  Z  É  S  Z  N  O
A  L  M  A  K  L  T  S  L  B  Á  Ő  G  M
A  C  C  M  O  B  Ú  Z  A  L  N  L  O  S
O  N  O  I  L  B  W  N  U  Z  E  Ő  M  L
H  T  O  L  I  P  D  Y  J  B  K  R  B  R
B  A  N  Á  N  B  L  E  V  R  X  H  A  F
```

ALMA	PADLIZSÁN
ARTICSÓKA	HAL
BANÁN	SZŐLŐ
BROKKOLI	SONKA
ZELLER	KIVI
SAJT	GOMBA
CSERESZNYE	RIZS
CSIRKE	PARADICSOM
CSOKOLÁDÉ	BÚZA
TOJÁS	

11 - Family

```
T  C  S  G  F  G  U  N  O  K  Á  J  A  U
A  E  R  R  É  N  Y  L  O  J  U  B  C  N
P  H  S  N  R  R  F  E  L  E  S  É  G  O
A  R  H  T  J  M  T  G  R  X  D  T  E  K
I  F  B  C  V  O  C  Y  O  M  P  D  G  A
U  N  O  K  A  É  F  E  D  W  E  I  Y  T
W  P  W  C  P  B  R  R  D  M  Y  K  E  E
N  A  G  Y  A  P  A  M  N  W  P  P  R  S
S  E  C  F  J  B  D  E  T  C  Y  I  M  T
N  É  N  I  U  N  O  K  A  H  Ú  G  E  V
A  N  Y  A  I  H  U  E  R  N  V  W  K  É
L  Á  N  Y  A  G  K  K  X  B  Y  H  K  R
N  A  G  Y  B  Á  C  S  I  O  A  A  O  E
Ő  S  U  N  O  K  A  Ö  C  S  H  O  R  Y
```

ŐS	NAGYAPA
NÉNI	UNOKÁJA
TESTVÉR	FÉRJ
GYERMEK	ANYAI
GYERMEKKOR	ANYA
GYERMEKEK	UNOKAÖCS
UNOKATESTVÉR	UNOKAHÚG
LÁNYA	APAI
APA	NAGYBÁCSI
UNOKA	FELESÉG

12 - Farm #1

```
X  T  K  L  K  U  T  Y  A  K  S  P  M  C
O  S  E  C  S  I  R  K  E  H  Z  M  E  G
J  O  C  H  Z  V  I  L  J  V  A  S  Z  K
W  N  S  Y  É  M  Z  M  V  Í  M  R  Ő  L
D  U  K  Z  N  N  S  U  A  Z  Á  V  G  G
A  M  E  W  A  D  R  G  R  C  R  M  A  Y
I  O  M  É  H  L  Z  M  J  B  S  L  Z  L
W  T  R  Á  G  Y  A  B  Ú  M  W  K  D  E
B  M  L  K  M  A  G  O  K  E  T  E  A  X
D  Ö  Ó  R  E  W  M  R  A  T  F  R  S  M
K  M  L  B  Z  X  O  J  W  L  M  Í  Á  É
P  E  O  É  Ő  Y  A  Ú  J  W  H  T  G  Z
T  K  U  Y  N  U  T  X  M  G  X  É  F  J
F  M  U  U  O  Y  D  P  W  T  J  S  X  W
```

MEZŐGAZDASÁG	KERÍTÉS
MÉH	TRÁGYA
BÖLÉNY	MEZŐ
BORJÚ	KECSKE
MACSKA	SZÉNA
CSIRKE	MÉZ
TEHÉN	LÓ
VARJÚ	RIZS
KUTYA	MAGOK
SZAMÁR	VÍZ

13 - Camping

```
T  F  Ü  G  G  Ő  Á  G  Y  V  N  Y  G  D
H  E  G  Y  N  F  F  F  Á  A  V  R  M  O
K  M  R  M  K  Y  N  Á  L  D  A  F  E  M
U  G  W  M  Ó  K  A  K  L  Á  I  H  Y  X
T  Ó  K  I  É  I  X  H  A  S  Á  T  O  R
R  O  V  A  R  S  R  H  T  Z  W  X  Ű  W
H  K  W  B  M  N  Z  K  O  A  O  J  O  Z
K  Ö  T  É  L  W  G  E  K  T  E  R  D  Ő
A  K  É  L  H  P  T  J  T  S  U  G  M  C
L  A  R  K  A  L  A  P  L  X  W  T  U  B
A  B  K  E  H  Z  F  J  K  S  N  U  J  V
N  I  É  N  Z  O  C  K  F  L  U  R  X  B
D  N  P  U  O  B  L  Z  H  O  P  V  L  H
I  R  Á  N  Y  T  Ű  D  T  A  E  F  G  S
```

KALAND	VADÁSZAT
ÁLLATOK	ROVAR
KABIN	TÓ
KENU	TÉRKÉP
IRÁNYTŰ	HOLD
TŰZ	HEGY
ERDŐ	TERMÉSZET
MÓKA	KÖTÉL
FÜGGŐÁGY	SÁTOR
KALAP	FÁK

14 - Conservation

```
O  F  C  V  Á  L  T  O  Z  Á  S  O  K  V
Z  S  I  R  P  É  E  R  G  Z  F  I  Z  Í
V  Ö  K  X  L  E  G  É  S  Z  S  É  G  Z
E  F  L  P  W  Z  W  H  K  R  L  T  O  K
G  H  U  D  I  J  D  D  A  L  K  N  R  Ö
Y  S  S  Z  E  R  V  E  S  J  T  I  F  R
S  É  L  Ő  H  E  L  Y  L  S  L  K  O  N
Z  S  Z  E  N  N  Y  E  Z  É  S  A  K  Y
E  T  E  R  M  É  S  Z  E  T  E  S  T  E
R  Ö  K  O  S  Z  I  S  Z  T  É  M  A  Z
E  C  S  Ö  K  K  E  N  T  É  S  N  T  E
K  R  R  S  Ö  N  K  É  N  T  E  S  Á  T
F  E  N  N  T  A  R  T  H  A  T  Ó  S  I
Ú  J  R  A  H  A  S  Z  N  O  S  Í  T  H
```

VÁLTOZÁSOK
VEGYSZEREK
ÉGHAJLAT
CIKLUS
ÖKOSZISZTÉMA
OKTATÁS
KÖRNYEZETI
ZÖLD
ÉLŐHELY

EGÉSZSÉG
TERMÉSZETES
SZERVES
SZENNYEZÉS
ÚJRAHASZNOSÍT
CSÖKKENTÉS
FENNTARTHATÓ
ÖNKÉNTES
VÍZ

15 - Cats

```
Ő  R  Ü  L  T  R  F  K  O  K  A  R  O  M
F  Ü  G  G  E  T  L  E  N  I  F  E  O  A
T  S  Z  E  M  É  L  Y  I  S  É  G  B  N
E  G  É  R  V  A  D  V  I  C  C  E  S  C
J  R  Y  U  F  D  Z  R  F  Y  C  W  I  S
U  Á  G  O  A  O  S  U  É  D  J  S  H  U
Z  J  T  B  R  L  O  W  L  A  L  V  Á  S
K  U  C  É  O  S  A  D  É  C  V  M  F  Z
V  E  P  C  K  Í  V  Á  N  C  S  I  O  Ő
H  A  A  E  I  O  U  C  K  Z  I  D  N  R
C  N  D  X  P  T  S  C  R  F  R  V  A  M
H  S  T  Á  C  G  M  T  R  L  G  Y  L  E
P  N  Z  Y  S  E  O  Z  R  L  V  S  S  W
P  X  X  N  R  Z  N  V  Y  F  W  O  M  C
```

KAROM	EGÉR
ŐRÜLT	MANCS
KÍVÁNCSI	SZEMÉLYISÉG
GYORS	JÁTÉKOS
VICCES	FÉLÉNK
SZŐRME	ALVÁS
VADÁSZ	FAROK
FÜGGETLEN	VAD
KIS	FONAL

16 - Numbers

```
K  I  L  E  N  C  V  P  T  H  P  U  N  V
T  I  Z  E  N  H  A  T  I  Í  É  W  T  Y
X  Z  U  J  É  A  R  I  Z  X  Z  T  O  Y
L  I  H  F  G  T  T  Z  E  I  M  S  R  B
T  J  X  J  Y  A  I  E  N  V  U  H  G  V
S  I  M  L  A  C  Z  N  Ö  K  Y  F  Ö  T
T  I  Z  Y  D  X  E  N  T  E  I  R  T  I
G  H  O  E  H  B  D  Y  B  G  H  Ú  S  Z
J  Á  E  V  N  I  E  O  M  Y  P  T  G  E
O  R  F  H  S  H  S  L  K  E  T  T  Ő  N
P  O  P  J  P  C  É  C  N  B  R  H  Z  N
G  M  N  Y  O  L  C  T  F  S  T  O  Z  É
T  I  Z  E  N  K  I  L  E  N  C  S  N  G
T  I  Z  E  N  H  Á  R  O  M  P  G  B  Y
```

TIZEDES	HÉT
NYOLC	TIZENHÉT
TIZENNYOLC	HAT
TIZENÖT	TIZENHAT
ÖT	TÍZ
NÉGY	TIZENHÁROM
TIZENNÉGY	HÁROM
KILENC	HÚSZ
TIZENKILENC	KETTŐ
EGY	

17 - Spices

```
S  Ó  J  Í  J  S  U  H  G  P  S  U  I  D
Á  Z  S  Z  O  D  U  X  Y  A  E  E  E  P
F  K  E  S  E  R  Ű  L  Ö  P  É  V  L  L
R  K  A  R  D  A  M  O  M  R  K  D  K  J
Á  A  R  Z  E  A  K  I  B  I  Ö  V  E  W
N  Á  V  U  J  C  J  H  É  K  M  A  D  S
Y  U  N  K  N  Z  S  J  R  A  É  N  D  K
K  O  R  I  A  N  D  E  R  A  N  Í  J  Z
S  V  I  J  Z  U  C  U  N  J  Y  L  T  F
Z  Z  I  N  J  S  I  G  P  D  G  I  C  A
S  Z  E  G  F  Ű  S  Z  E  G  I  A  U  H
G  Ö  R  Ö  G  S  Z  É  N  A  L  Ó  R  É
H  A  G  Y  M  A  U  Y  Y  I  G  N  R  J
S  R  F  O  K  H  A  G  Y  M  A  Z  Y  W
```

ÁNIZS	FOKHAGYMA
KESERŰ	GYÖMBÉR
KARDAMOM	SZERECSENDIÓ
FAHÉJ	HAGYMA
SZEGFŰSZEG	PAPRIKA
KORIANDER	SÁFRÁNY
KÖMÉNY	SÓ
CURRY	ÉDES
GÖRÖGSZÉNA	VANÍLIA
ÍZ	

18 - Mammals

```
B I K A T J L Ó A M Z M H V
P R É R I F A R K A S F Ó G
G O M F M W X P R J I A D X
N O T U A E J M Ó O R R E D
D D R O A W D K K M Á K L R
D K S I C I Z V A F F A F L
L E A O L J U H E M H S I S
Y N L D N L Z N U A T P N O
E G Z E B R A Y D C M V G S
K U W S F B W Ú W S P W B X
E R G Z P Á Z L G K U T Y A
Z U Z N F L N R K A T H Y B
A H P P W N X T R K S J L P
Z D Y S P A O R O S Z L Á N
```

MEDVE	GORILLA
HÓD	LÓ
BIKA	KENGURU
MACSKA	OROSZLÁN
PRÉRIFARKAS	MAJOM
KUTYA	NYÚL
DELFIN	JUH
ELEFÁNT	BÁLNA
RÓKA	FARKAS
ZSIRÁF	ZEBRA

19 - Fishing

```
É  V  S  Z  A  K  R  X  Á  S  N  O  D  T
K  O  S  Á  R  U  V  G  L  E  T  K  B  Ü
M  O  O  Z  U  F  Í  H  L  A  K  K  F  R
H  F  P  B  I  S  Z  A  K  Á  C  S  O  E
F  Y  A  O  O  L  A  J  A  S  M  C  L  L
A  N  A  L  L  B  E  Ó  P  T  Ú  W  Y  E
I  Z  R  X  F  T  S  N  O  R  D  L  Ó  M
T  Ú  L  Z  Á  S  Y  V  C  A  R  M  Y  H
I  L  P  P  H  U  N  Ú  S  N  Ó  É  Z  T
C  V  F  C  G  O  A  S  K  D  T  R  Ó  Ó
F  E  L  S  Z  E  R  E  L  É  S  L  C  N
H  C  L  A  C  G  K  O  S  F  V  E  E  B
A  J  H  L  K  X  X  N  G  J  K  G  Á  U
G  W  V  I  U  S  Z  O  N  Y  O  K  N  X
```

CSALI	ÁLLKAPOCS
KOSÁR	TÓ
STRAND	ÓCEÁN
HAJÓ	TÜRELEM
SZAKÁCS	FOLYÓ
FELSZERELÉS	MÉRLEG
TÚLZÁS	ÉVSZAK
USZONYOK	VÍZ
KOPOLTYÚK	SÚLY
HOROG	DRÓT

20 - Restaurant #1

```
W  T  K  K  J  P  M  F  U  V  T  P  F  T
L  C  S  I  R  K  E  Ű  U  W  L  R  B  X
M  I  H  Z  Z  J  N  S  M  B  I  S  H  E
Y  H  Ö  C  Ó  M  Ü  Z  Y  R  Y  A  G  Z
K  É  S  K  W  S  D  E  S  S  Z  E  R  T
E  L  S  A  O  Z  Z  R  V  D  C  M  P  F
N  E  Z  L  P  N  Z  E  D  L  R  F  É  O
Y  L  E  L  I  Y  Y  S  L  J  I  P  N  G
É  M  T  E  N  A  R  H  Ú  S  D  U  Z  L
R  I  E  R  C  X  S  Z  A  L  V  É  T  A
H  S  V  G  É  E  K  A  W  N  S  T  Á  L
I  Z  Ő  I  R  N  T  Á  N  Y  É  R  R  Á
M  E  K  A  N  N  L  A  V  R  X  A  O  S
I  R  P  F  Ő  I  A  O  V  É  W  S  S  H
```

ALLERGIA	KÉS
TÁL	HÚS
KENYÉR	MENÜ
PÉNZTÁROS	SZALVÉTA
CSIRKE	TÁNYÉR
KÁVÉ	FOGLALÁS
DESSZERT	SZÓSZ
ÉLELMISZER	FŰSZERES
ÖSSZETEVŐK	ENNI
KONYHA	PINCÉRNŐ

21 - Bees

```
Ö  C  É  X  S  S  J  K  Z  V  O  N  N  V
K  F  L  B  K  O  L  R  O  U  W  A  Ö  I
O  K  Ő  E  R  D  K  E  R  T  Z  P  V  R
S  P  H  P  O  F  N  F  L  E  J  U  É  Á
Z  Y  E  O  V  Ü  E  K  É  C  T  O  N  G
I  Z  L  R  A  S  W  L  I  L  X  M  Y  O
S  K  Y  Z  R  T  C  K  Ő  S  E  B  E  K
Z  S  A  Ó  R  A  J  P  V  N  X  S  K  B
T  H  Y  P  D  F  G  O  I  K  Y  B  É  Y
É  S  U  J  T  D  C  L  A  R  A  Ö  S  G
M  É  Z  P  A  Á  W  L  S  W  E  W  S  M
A  N  Y  Z  P  M  R  E  Z  B  F  X  G  R
P  K  I  R  Á  L  Y  N  Ő  E  B  U  E  U
W  V  I  R  Á  G  Y  Ü  M  Ö  L  C  S  O
```

ELŐNYÖS
VIRÁG
SOKFÉLESÉG
ÖKOSZISZTÉMA
VIRÁGOK
GYÜMÖLCS
KERT
ÉLŐHELY
KAPTÁR
MÉZ

ROVAR
NÖVÉNYEK
POLLEN
BEPORZÓ
KIRÁLYNŐ
FÜST
NAP
RAJ
VIASZ

22 - Sports

```
J  C  J  Á  T  É  K  V  E  Z  E  T  Ő  X
Á  R  U  U  B  B  I  E  X  K  N  S  M  I
T  Ú  P  C  H  A  V  T  R  N  K  J  Y  A
É  S  M  D  A  X  J  E  Y  É  W  O  Y  C
K  Z  X  H  T  M  T  N  D  G  K  H  M  W
O  N  U  I  L  E  Y  Z  O  J  U  P  X  O
S  I  Z  M  É  T  N  E  O  K  D  P  Á  R
G  Y  Ő  Z  T  E  S  I  C  K  S  V  W  R
T  O  R  N  A  O  N  X  S  P  T  Á  W  E
L  I  B  J  Á  T  É  K  A  Z  A  E  G  D
H  O  K  I  C  F  D  I  P  B  D  N  O  Z
B  A  S  E  B  A  L  L  A  D  I  B  L  Ő
M  O  Z  G  Á  S  S  B  T  E  O  E  F  K
K  O  S  Á  R  L  A  B  D  A  N  A  R  P
```

ATLÉTA	HOKI
BASEBALL	MOZGÁS
KOSÁRLABDA	JÁTÉKOS
KERÉKPÁR	JÁTÉKVEZETŐ
BAJNOKSÁG	STADION
EDZŐ	CSAPAT
JÁTÉK	TENISZ
GOLF	ÚSZNI
TORNA	GYŐZTES

23 - Weather

```
Y  J  V  V  F  F  U  M  V  D  Z  Z  H  U
J  A  X  S  L  E  J  T  F  I  E  D  Ő  M
H  T  T  P  O  L  Á  R  I  S  H  L  M  S
V  U  O  Z  F  H  L  Ó  R  G  F  A  É  U
V  É  R  J  T  Ő  D  P  S  T  E  S  R  J
K  G  N  R  F  Y  T  U  G  V  X  Z  S  É
Ö  H  Á  S  I  P  D  S  R  E  P  Á  É  G
D  A  D  Z  K  K  Y  I  G  L  J  L  K  V
S  J  Ó  Á  N  T  Á  B  W  M  T  Y  L  I
Z  L  J  R  É  M  O  N  S  Z  U  N  E  L
É  A  M  A  S  G  L  É  G  K  Ö  R  T  L
L  T  S  Z  I  V  Á  R  V  Á  N  Y  J  Á
W  C  B  X  R  P  S  Z  E  L  L  Ő  L  M
M  E  N  N  Y  D  Ö  R  G  É  S  D  Y  C
```

LÉGKÖR	MONSZUN
SZELLŐ	POLÁRIS
ÉGHAJLAT	SZIVÁRVÁNY
FELHŐ	ÉG
ASZÁLY	VIHAR
SZÁRAZ	HŐMÉRSÉKLET
KÖD	MENNYDÖRGÉS
HURRIKÁN	TORNÁDÓ
JÉG	TRÓPUSI
VILLÁM	SZÉL

24 - Adventure

```
T  N  A  V  I  G  Á  C  I  Ó  B  S  L  E
V  E  S  Z  É  L  Y  E  S  X  A  Z  E  L
N  H  R  Z  E  S  É  L  Y  T  R  É  L  Ő
L  É  X  M  L  V  A  X  I  K  Á  P  K  K
N  Z  L  B  É  N  Ú  U  D  I  T  S  E  É
V  S  E  I  F  S  J  L  F  H  O  É  S  S
C  É  H  Z  O  U  Z  M  I  Í  K  G  E  Z
H  G  E  T  F  L  R  E  Ú  V  D  I  D  Í
B  Á  T  O  R  S  Á  G  T  Á  Ö  Z  É  T
G  T  Ő  N  R  L  A  L  V  S  G  R  S  É
B  E  S  S  C  E  Y  E  O  O  F  R  Ö  S
K  W  É  Á  C  K  D  P  N  K  T  R  T  M
F  C  G  G  A  D  T  Ő  A  D  X  N  W  R
U  K  I  R  Á  N  D  U  L  Á  S  J  W  H
```

SZÉPSÉG	ÚTVONAL
BÁTORSÁG	ÖRÖM
KIHÍVÁSOK	TERMÉSZET
ESÉLY	NAVIGÁCIÓ
VESZÉLYES	ÚJ
NEHÉZSÉG	LEHETŐSÉG
LELKESEDÉS	ELŐKÉSZÍTÉS
KIRÁNDULÁS	BIZTONSÁG
BARÁTOK	MEGLEPŐ

25 - Circus

```
N P P Z S O N G L Ő R L X G
V É O R O S Z L Á N Y É C V
S Z Z A K R O B A T A G P S
L Z M Ő G R S X D M O G A Z
C U K O R K A Á R A J Ö R Ó
E L Ő A D Á S L T J T M Á R
V L K R C Z M L G O H B D A
M Z E W A R Á A K M R Ö É K
J F N F O R G T R C Z K H O
E I H C Á A I O B Ű V É S Z
L G O D X N A K O F Z Z U T
M T R Ü K K T G H S S R O A
E Z E N E C U X Ó D J Z K T
Z T I G R I S V C N I G Y G
```

AKROBATA	MÁGIA
ÁLLATOK	BŰVÉSZ
LÉGGÖMBÖK	MAJOM
CUKORKA	ZENE
BOHÓC	PARÁDÉ
JELMEZ	ELŐADÁS
ELEFÁNT	NÉZŐ
SZÓRAKOZTAT	SÁTOR
ZSONGLŐR	TIGRIS
OROSZLÁN	TRÜKK

26 - Restaurant #2

```
R  S  W  S  L  V  F  R  X  P  V  E  K  T
J  Y  Z  Ó  E  A  I  Z  A  C  D  B  F  O
Z  R  O  S  V  C  N  S  E  F  X  É  T  J
I  R  F  N  E  S  O  G  A  X  N  D  O  Á
T  T  F  Z  S  O  M  F  G  L  X  I  R  S
É  D  A  Ö  O  R  S  H  A  L  Á  E  T  P
S  N  Z  L  O  A  I  Z  J  G  D  T  A  I
Z  W  M  D  P  B  V  H  É  W  Z  J  A  N
T  S  I  S  M  H  G  A  G  K  H  O  V  C
A  N  W  É  F  Ű  S  Z  E  R  E  K  F  É
V  Í  Z  G  Y  Ü  M  Ö  L  C  S  M  Y  R
H  E  D  E  V  I  L  L  A  E  B  P  U  T
F  O  V  K  W  K  R  P  N  M  N  G  N  E
A  V  N  R  Z  Z  K  A  N  Á  L  B  H  Y
```

ITAL	EBÉD
TORTA	TÉSZTA
SZÉK	SALÁTA
FINOM	SÓ
VACSORA	LEVES
TOJÁS	FŰSZEREK
HAL	KANÁL
VILLA	ZÖLDSÉGEK
GYÜMÖLCS	PINCÉR
JÉG	VÍZ

27 - Geology

```
R  É  T  E  G  T  C  I  E  H  E  Z  A  L
F  I  U  X  G  S  S  K  A  L  C  I  U  M
Ö  S  V  B  E  F  E  N  N  S  Í  K  Ő  O
L  Á  V  A  J  H  P  N  L  S  U  U  S  K
D  C  S  W  Z  K  P  E  R  Ó  Z  I  Ó  Ó
R  S  A  V  Í  D  K  V  U  L  K  Á  N  A
E  K  V  A  R  C  Ő  S  L  A  Z  G  A  B
N  B  E  X  K  R  I  S  T  Á  L  Y  O  K
G  K  P  M  Y  E  R  K  K  L  L  Y  W  F
É  Y  Y  G  F  C  V  S  L  O  A  M  V  P
S  O  B  A  R  L  A  N  G  U  R  K  N  S
K  O  N  T  I  N  E  N  S  I  S  A  J  W
H  T  U  C  S  O  L  V  A  D  T  O  L  Z
U  F  O  S  S  Z  I  L  I  S  C  J  K  L
```

SAV	GEJZÍR
KALCIUM	LÁVA
BARLANG	RÉTEG
KONTINENS	OLVADT
KORALL	FENNSÍK
KRISTÁLYOK	KVARC
CIKLUSOK	SÓ
FÖLDRENGÉS	CSEPPKŐ
ERÓZIÓ	KŐ
FOSSZILIS	VULKÁN

28 - House

```
F Y W P M M K D C H R R B K
Z Ü M I T E T Ő Y A L W D O
U I G F A L Ü R I L S I G N
H Y I G B N K E N K J M R Y
A K G V Ö G Ö H K E K S J H
N U N Z O N R K E R T E K A
Y L W R S C Y O D Í U P Ö E
B C Z N G B M Ö V T P R N U
Ú S Z O B A T X K É A Ű Y M
T O O I P G R V T S D J V W
O K X P M P H Á S D L S T K
R Z R L Á M P A Z F Á X Á Ó
K A N D A L L Ó B S S V R P
N V P A D L Ó A B L A K K K
```

PADLÁS	KULCSOK
SEPRŰ	KONYHA
FÜGGÖNYÖK	LÁMPA
AJTÓ	KÖNYVTÁR
KERÍTÉS	TÜKÖR
KANDALLÓ	TETŐ
PADLÓ	SZOBA
BÚTOR	ZUHANY
GARÁZS	FAL
KERT	ABLAK

29 - School #1

```
B  P  V  T  M  X  X  N  P  C  V  T  J  W
K  A  M  A  P  P  Á  K  S  E  Á  A  F  C
F  P  R  J  O  V  U  A  B  R  L  N  O  J
D  Í  I  Á  G  U  S  T  R  U  A  U  A  L
A  R  A  S  T  X  M  Z  R  Z  S  L  O  Á
T  Y  F  U  A  O  Ó  A  É  A  Z  N  L  B
N  A  D  T  N  B  K  Y  F  K  O  I  V  É
F  E  N  X  Á  J  A  K  C  Ö  K  W  A  C
C  N  N  T  R  K  V  Í  Z  N  I  S  S  É
T  O  L  L  E  B  É  D  X  Y  L  E  N  K
X  Y  M  L  O  R  C  L  I  V  A  F  I  Y
I  G  T  J  F  Z  E  Z  I  E  B  V  O  M
V  I  Z  S  G  Á  K  M  E  K  Í  R  N  I
A  X  E  O  E  W  K  Ö  N  Y  V  T  Á  R
```

ÁBÉCÉ	EBÉD
VÁLASZOK	PAPÍR
KÖNYVEK	CERUZA
SZÉK	TOLL
TANTEREM	KVÍZ
VIZSGÁK	TANÁR
MAPPÁK	TANULNI
BARÁTOK	OLVASNI
MÓKA	ÍRNI
KÖNYVTÁR	

30 - Dance

```
K H A G Y O M Á N Y O S X P
U E D L M E Ű D F N P F X I
L V G T N F V I D Á M H Y D
T L D Y W N É R Z E L E M K
Ú S C R E H S R I T M U S U
R N E X F L Z R K J S Z B L
A W W K I F E J E Z Ő N M T
M O Z G Á S T M I G W Z L U
P P Z X L B T P A R T N E R
R R M H N P H E I D H N J Á
Ó V I T A S Z P S O L E L L
B Y C G M L N E O T X E E I
A K A D É M I A N Y I K I S
V I Z U Á L I S V E Z A U U
```

AKADÉMIA   VIDÁM
MŰVÉSZET   MOZGÁS
TEST   ZENE
KULTURÁLIS   PARTNER
KULTÚRA   PRÓBA
ÉRZELEM   RITMUS
KIFEJEZŐ   HAGYOMÁNYOS
KEGYELEM   VIZUÁLIS

31 - Colors

```
B  V  D  A  K  É  K  R  O  H  U  D  N  S
Í  A  J  Z  X  E  T  I  B  O  L  Y  A  Á
B  A  R  N  A  I  P  N  J  R  L  P  X  R
O  F  E  K  E  T  E  F  S  N  J  D  X  G
R  C  E  A  K  F  U  K  S  Z  I  A  T  A
V  L  I  L  A  W  O  X  X  Z  Ü  L  J  W
Ö  R  N  Á  J  C  Y  D  I  E  Ö  R  D  H
R  F  D  K  N  A  R  A  N  C  S  L  K  Z
Ö  P  I  R  O  S  E  D  F  A  J  F  D  E
S  L  G  G  E  B  W  O  J  M  J  B  Z  N
V  E  Ó  F  E  H  É  R  O  L  N  É  S  D
E  K  K  R  K  R  Ó  Z  S  A  S  Z  Í  N
S  Z  É  P  I  A  U  N  E  U  X  S  V  S
V  Y  S  E  T  I  X  H  J  F  Z  I  J  A
```

BÉZS	BÍBORVÖRÖS
FEKETE	NARANCS
KÉK	RÓZSASZÍN
BARNA	LILA
CIÁN	PIROS
FUKSZIA	SZÉPIA
ZÖLD	IBOLYA
SZÜRKE	FEHÉR
INDIGÓ	SÁRGA

32 - Climbing

```
K W S M T Ú L K U C J X K E
I L É A Ú T P É K K U E Í S
H M R G R M M U G T H D V T
Í C Ü A Á U A N B K H K Á A
V E L S Z T E R E P Ö I N B
Á Z É S Á A K P U J T R C I
S T S Á S T U E C F M W S L
O É I G Y Ó Z U S I J F I I
K R S N D K C G I Z A P S T
L K A L E R Ő P Z I T G Á Á
A É K J M H K B M K M Y G S
S P K É P Z É S A A R L Ű A
S Z A K É R T Ő Z I G R I K
B A R L A N G K E S K E N Y
```

MAGASSÁG	TÚRÁZÁS
LÉGKÖR	SÉRÜLÉS
CSIZMA	TÉRKÉP
BARLANG	KESKENY
KIHÍVÁSOK	FIZIKAI
KÍVÁNCSISÁG	STABILITÁS
SZAKÉRTŐ	ERŐ
KESZTYŰ	TEREP
ÚTMUTATÓK	KÉPZÉS
SISAK	

33 - Shapes

```
R M H J P Y S J O Í O G I H
T C N I F P T A W V K Ú P Á
É L E K P M Z X R I Á S H R
G N L E I E Z M T O I L L O
L É L R R V R K Ö R K T I M
A G I E A O U B O L D A L S
L Y P K M N L T O X J H U Z
A Z S O I A N J W L Y E G Ö
P E Z C S L Y U Y A A N Y G
U T I K G Ö M B Z A H G G I
D X S A P R I Z M A P E X R
U U W J W Z L F L I H R A W
P O L I G O N N M T K S J A
T V G R R U E O R F E Z O I
```

ÍV	OVÁLIS
KÖR	POLIGON
KÚP	PRIZMA
SAROK	PIRAMIS
KOCKA	TÉGLALAP
HENGER	KEREK
ÉLEK	OLDAL
ELLIPSZIS	GÖMB
HIPERBOLA	NÉGYZET
VONAL	HÁROMSZÖG

34 - Scientific Disciplines

```
E  Á  U  K  M  A  B  C  L  L  F  A  Y  N
S  S  C  É  R  E  N  O  S  K  Y  S  A  B
K  V  V  M  É  P  C  A  T  A  I  M  H  C
N  Á  B  I  G  Z  Y  H  T  A  C  I  K  S
E  N  B  A  É  A  F  F  A  Ó  N  B  D  I
U  Y  I  O  S  C  T  I  J  N  M  I  I  L
R  T  O  Z  Z  G  U  Z  Y  A  I  I  K  L
O  A  K  Z  E  T  E  I  V  L  E  K  A  A
L  N  É  J  T  B  I  O  L  Ó  G  I  A  G
Ó  I  M  M  U  N  O  L  Ó  G  I  A  M  Á
G  Z  I  G  E  O  L  Ó  G  I  A  E  N  S
I  L  A  Z  W  F  V  G  L  U  D  T  O  Z
A  T  E  R  M  O  D  I  N  A  M  I  K  A
Ö  K  O  L  Ó  G  I  A  J  I  P  A  L  T
```

ANATÓMIA	GEOLÓGIA
RÉGÉSZET	IMMUNOLÓGIA
CSILLAGÁSZAT	MECHANIKA
BIOKÉMIA	ÁSVÁNYTAN
BIOLÓGIA	NEUROLÓGIA
BOTANIKA	FIZIOLÓGIA
KÉMIA	TERMODINAMIKA
ÖKOLÓGIA	

35 - School #2

```
K  D  D  I  K  O  T  O  K  R  N  O  I  N
B  E  G  S  O  Ö  A  W  Ö  A  A  K  R  Y
U  B  L  N  L  V  N  L  N  D  P  T  O  E
S  S  X  L  J  P  Á  Y  Y  Í  T  A  D  L
Z  Z  H  J  É  E  R  X  V  R  Á  T  A  V
C  Ó  Á  U  J  K  R  Y  T  E  R  Á  L  T
R  T  T  M  I  L  E  Y  Á  R  K  S  O  A
C  Á  I  B  Í  E  E  K  R  H  D  F  M  N
E  R  Z  E  O  T  T  U  D  O  M  Á  N  Y
R  T  S  P  W  N  Ó  F  V  L  P  F  A  S
U  R  Á  R  Y  F  T  G  F  L  Z  F  V  X
Z  A  K  S  F  H  A  A  É  Ó  T  K  C  A
A  K  A  D  É  M  I  A  I  P  A  P  Í  R
T  E  V  É  K  E  N  Y  S  É  G  E  K  F
```

AKADÉMIAI
TEVÉKENYSÉGEK
HÁTIZSÁK
KÖNYVEK
BUSZ
NAPTÁR
SZÁMÍTÓGÉP
SZÓTÁR
OKTATÁS
RADÍR

NYELVTAN
KÖNYVTÁR
IRODALOM
PAPÍR
CERUZA
TUDOMÁNY
OLLÓ
KELLÉKEK
TANÁR

36 - Science

```
A T O M F W P A F P G M K M
V J S Y I L V D O K J Ó Í E
H H A D Z W X A S E W D S G
Z W J Z I N U T S W M S É F
N L I F K P N U Z Z K Z R I
Ö V L R A F Y J I I N E L G
V M M O L E K U L Á K R E Y
É G H A J L A T I W A P T E
N R O T E R M É S Z E T K L
Y L A B O R A T Ó R I U M É
E V O L Ú C I Ó T U D Ó S S
K É M I A I E E S B T J B V
R É S Z E C S K É K T É N Y
G R A V I T Á C I Ó Y J U C
```

ATOM	LABORATÓRIUM
KÉMIAI	MÓDSZER
ÉGHAJLAT	MOLEKULÁK
ADAT	TERMÉSZET
EVOLÚCIÓ	MEGFIGYELÉS
KÍSÉRLET	RÉSZECSKÉK
TÉNY	FIZIKA
FOSSZILIS	NÖVÉNYEK
GRAVITÁCIÓ	TUDÓS

37 - To Fill

```
I  V  B  J  D  J  T  V  P  F  X  C  A  M
A  P  N  G  X  M  T  Á  E  I  R  S  N  B
Ü  F  O  K  B  H  E  Z  S  Ó  R  O  C  H
V  T  Á  L  C  A  I  A  F  K  M  M  S  R
E  Ö  G  Z  P  J  M  L  F  O  A  A  Ő  R
G  M  D  H  K  Ó  A  N  M  S  P  G  K  W
U  T  O  Ö  A  B  O  B  Y  Á  P  N  O  E
V  N  B  V  R  H  C  M  K  R  A  L  R  F
J  S  O  D  T  O  Z  H  U  Á  Y  B  S  B
X  L  Z  B  O  R  Í  T  É  K  D  S  Ó  Z
R  Á  Z  O  N  D  B  L  H  Z  D  S  B  S
Y  D  J  D  N  Ó  B  Ő  R  Ö  N  D  L  E
P  A  N  P  S  D  M  N  C  H  P  J  L  B
J  V  J  N  T  B  Z  D  H  M  G  A  A  E
```

TÁSKA	MAPPA
HORDÓ	KORSÓ
KOSÁR	CSOMAG
ÜVEG	ZSEB
DOBOZ	BŐRÖND
VÖDÖR	TÁLCA
KARTON	KÁD
LÁDA	CSŐ
FIÓK	VÁZA
BORÍTÉK	HAJÓ

38 - Summer

```
V  R  K  G  K  C  S  A  L  Á  D  K  Y  V
O  L  I  E  Ö  S  Ú  S  Z  N  I  U  M  Y
K  E  R  T  N  I  R  T  E  N  G  E  R  E
C  V  J  U  Y  L  D  R  N  G  M  F  W  Z
B  K  M  L  V  L  J  A  E  J  J  B  H  I
B  Ú  M  E  E  A  B  N  Ö  R  Ö  M  O  K
J  A  V  Z  K  G  F  D  X  B  Z  O  I  E
Á  R  R  Á  X  O  T  T  H  O  N  S  C  M
T  I  P  Á  R  K  S  Z  A  N  D  Á  L  P
É  U  F  P  T  K  U  T  A  Z  Á  S  D  I
K  K  G  G  C  O  O  E  O  V  X  O  M  N
O  E  J  B  V  W  K  D  D  M  N  T  B  G
K  A  D  K  Z  V  Y  V  Á  E  G  G  B  W
S  H  Y  É  L  E  L  M  I  S  Z  E  R  D
```

STRAND	OTTHON
KÖNYVEK	ÖRÖM
KEMPING	ZENE
BÚVÁRKODÁS	SZANDÁL
CSALÁD	TENGER
ÉLELMISZER	CSILLAGOK
BARÁTOK	ÚSZNI
JÁTÉKOK	UTAZÁS
KERT	

39 - Clothes

```
V A C O U T Z U S V K D I N
U K T W C F E C Z F A G N N
É J D G E Y M M O A R C G I
K E S Z T Y Ű E K L K U A Z
S Ö V W V B F J N C Ö E H K
Z B T N S L A S Y I T S K A
E R K É S Ú R Z A P Ő M J L
R Y P A N Z M A W Ő R S B A
E C I D B Y E N A D R Á G P
K X Z B B Á R D R I B L D N
D Z S E K I T Á C V C Y D B
R A A I H O P L A A E V X R
H B M B U L V Z K T H A U C
O K A L F P U L Ó V E R S L
```

KÖTÉNY	FARMER
ÖV	ÉKSZEREK
BLÚZ	PIZSAMA
KARKÖTŐ	NADRÁG
KABÁT	SZANDÁL
RUHA	SÁL
DIVAT	ING
KESZTYŰ	CIPŐ
KALAP	SZOKNYA
DZSEKI	PULÓVER

40 - Insects

```
T  Y  D  P  L  E  V  É  L  T  E  T  Ű  F
E  W  T  I  Y  E  I  P  M  L  F  M  U  É
R  Z  V  L  M  Y  Z  S  P  Á  L  E  J  R
M  I  J  L  O  É  I  W  H  R  Y  T  D  E
E  G  H  A  L  B  H  O  M  V  M  F  E  G
S  K  X  N  Y  B  O  L  H  A  F  J  G  V
Z  Á  T  G  R  L  T  W  F  K  T  U  H  A
Y  B  S  Ó  V  C  C  S  Ó  T  Á  N  Y  E
C  B  I  K  C  E  S  S  Z  Ú  N  Y  O  G
S  Z  I  T  A  K  Ö  T  Ő  Ö  Z  K  Y  O
D  A  R  Á  Z  S  K  A  B  Ó  C  A  M  R
B  O  G  Á  R  K  R  D  P  P  G  S  J  W
H  A  N  G  Y  A  G  H  S  K  L  S  K  J
K  A  T  I  C  A  B  O  G  Á  R  N  S  E
```

HANGYA	SZÖCSKE
LEVÉLTETŰ	KATICABOGÁR
MÉH	LÁRVA
BOGÁR	SÁSKA
PILLANGÓ	SZÚNYOG
KABÓCA	MOLY
CSÓTÁNY	TERMESZ
SZITAKÖTŐ	DARÁZS
BOLHA	FÉREG

41 - Astronomy

```
T Á V C S Ő Á M F S B S Ű A
M P O F P L L Ű O Z K U R S
P E N A P P L H G U É G H Z
J Y T F R U A O Y P C Á A T
I Y R E D P T L A E S R J E
U M M A O N Ö D T R I Z Ó R
Y C A Y K R V K K N L Á S O
F Y G D S É R K O Ó L S K I
Z R A D Z H T I Z V A T O D
B O L Y G Ó O A Á A G B Z A
R L A F Y L J L S G K L M P
T X X Ö K L Y G D R É H O K
C S I L L A G Á S Z P N S M
K Z S D G K Ö D F O L T Z K
```

ASZTEROIDA	KÖDFOLT
ŰRHAJÓS	BOLYGÓ
CSILLAGÁSZ	SUGÁRZÁS
CSILLAGKÉP	RAKÉTA
KOZMOSZ	MŰHOLD
FÖLD	ÉG
FOGYATKOZÁS	NAP
GALAXIS	SZUPERNÓVA
METEOR	TÁVCSŐ
HOLD	ÁLLATÖV

42 - Pirates

```
K  K  I  N  C  S  J  J  L  R  Y  V  B  H
A  A  Y  M  M  B  A  R  R  E  D  E  A  O
P  L  O  W  T  T  É  R  K  É  P  S  R  R
I  A  S  Z  I  G  E  T  A  I  J  Z  L  G
T  N  T  R  U  M  D  P  S  N  M  É  A  O
Á  D  R  O  S  S  Z  N  P  N  Y  L  N  N
N  U  A  B  B  L  H  R  U  T  H  Y  G  Y
Y  O  N  W  R  L  E  G  É  N  Y  S  É  G
K  G  D  R  P  K  G  G  S  G  P  R  Z  É
Z  M  A  R  K  Y  A  W  E  N  G  S  Á  R
I  R  Á  N  Y  T  Ű  R  X  N  A  P  S  M
P  A  P  A  G  Á  J  Z  D  G  D  S  Z  É
M  I  Z  U  X  R  F  M  B  G  F  A  L  K
O  X  G  A  V  F  F  H  T  J  I  L  Ó  C
```

KALAND	ZÁSZLÓ
HORGONY	ARANY
ROSSZ	SZIGET
STRAND	LEGENDA
KAPITÁNY	TÉRKÉP
BARLANG	PAPAGÁJ
ÉRMÉK	RUM
IRÁNYTŰ	HEG
LEGÉNYSÉG	KARD
VESZÉLY	KINCS

43 - Time

```
G D É L M S R C N M V E W C
L J J M O T E G N A P A I I
U D S C S F G U S W P E R C
Y U Z V T Y G B F H É T E R
Y C A H J D E H M A V E Á V
K K K P I R L Z A M S H Y R
J É A T H F F É W A U Ó R A
Z P V É V E S V K R K N M S
E L Ő T T Y U V I O V A O B
L B C L I J Ö V Ő A R P D O
K H B R S Z Á Z A D Z A J C
H P R H J O E O U V W X I O
F U Y S W P B D L H I V M V
V V B S O N A P U C H J C Z
```

ÉVES	HÓNAP
ELŐTT	REGGEL
NAPTÁR	ÉJSZAKA
SZÁZAD	DÉL
NAP	MOST
ÉVTIZED	HAMAR
KORAI	MA
JÖVŐ	HÉT
ÓRA	ÉV
PERC	TEGNAP

44 - Buildings

```
L G N A G Y K Ö V E T S É G
H A S Z U P E R M A R K E T
D Z B X G N I S K O L A B L
X D K O V S S Z Í N H Á Z X
B A X E R S Z Á L L O D A M
P S N O N A B L E K B F J F
A Á V O C E T L A K Á S Y O
J G Á X F G K Ó R H Á Z J M
T O R O N Y M N R K A B I N
A F L G Y Á Ú T W I I H O N
S Á T O R R Z B E J U Z E M
B O G E G Y E T E M A M W E
C G E V F U U S T A D I O N
P G V V C U M O Z I R A I X
```

LAKÁS	SZÁLLODA
PAJTA	LABORATÓRIUM
KABIN	MÚZEUM
VÁR	ISKOLA
MOZI	STADION
NAGYKÖVETSÉG	SZUPERMARKET
GYÁR	SÁTOR
GAZDASÁG	SZÍNHÁZ
KÓRHÁZ	TORONY
SZÁLLÓ	EGYETEM

45 - Herbalism

```
K  P  E  T  R  E  Z  S  E  L  Y  E  M  O
I  E  M  N  N  O  R  E  G  Á  N  Ó  E  U
E  S  R  B  Ö  L  E  V  E  N  D  U  L  A
T  D  E  T  V  X  L  I  F  H  G  B  T  R
B  M  R  N  É  Y  Ő  R  Í  C  P  M  A  O
K  A  O  O  N  P  N  Á  Z  Z  Ö  L  D  M
O  J  Z  C  Y  E  Y  G  A  A  W  B  O  Á
N  O  M  S  W  L  Ö  W  P  O  Z  E  W  S
Y  R  A  Y  A  Y  S  Á  F  R  Á  N  Y  X
H  Á  R  B  T  L  T  Á  R  K  O  N  Y  S
A  N  I  R  R  J  I  K  F  L  J  P  V  F
I  N  N  I  L  F  O  K  H  A  G  Y  M  A
P  A  G  A  N  G  A  B  O  M  E  N  T  A
Ö  S  S  Z  E  T  E  V  Ő  M  Y  N  F  W
```

AROMÁS	LEVENDULA
BAZSALIKOM	MAJORÁNNA
ELŐNYÖS	MENTA
KONYHAI	OREGÁNÓ
ÍZ	PETREZSELYEM
VIRÁG	NÖVÉNY
KERT	ROZMARING
FOKHAGYMA	SÁFRÁNY
ZÖLD	TÁRKONY
ÖSSZETEVŐ	

46 - Toys

```
J  J  P  K  S  Á  R  K  Á  N  Y  D  A  C
E  Á  Z  I  É  C  E  R  U  Z  Á  K  G  C
Y  M  T  O  Z  P  U  Z  Z  L  E  S  Y  I
Z  M  I  É  E  H  Z  O  O  G  R  O  A  K
M  L  I  H  K  B  P  E  C  H  O  K  G  S
V  O  N  A  T  O  K  X  L  A  B  D  A  R
K  A  N  J  N  I  K  X  G  E  O  S  R  E
K  E  N  Ó  U  H  C  F  A  U  T  Ó  P  P
Ö  I  R  K  E  D  V  E  N  C  N  T  D  Ü
N  M  K  É  Z  M  Ű  V  E  S  S  É  G  L
Y  L  I  L  K  H  S  I  V  B  A  B  A  Ő
V  C  N  H  J  P  D  O  B  O  K  C  S  G
E  V  A  E  K  Y  Á  L  J  I  K  R  F  É
K  A  M  I  O  N  C  R  S  J  V  C  R  P
```

REPÜLŐGÉP	BABA
LABDA	DOBOK
KERÉKPÁR	KEDVENC
HAJÓ	JÁTÉKOK
KÖNYVEK	KÉPZELET
AUTÓ	SÁRKÁNY
SAKK	PUZZLE
AGYAG	ROBOT
KÉZMŰVESSÉG	VONAT
CERUZÁK	KAMION

47 - Vehicles

```
T R A K T O R E T X R T L T
B L A M S L A K Ó K O C S I
K K E R É K P Á R O B P R M
Y Y A U T Ó N G Z M O M E F
B K O B N M F H U P G Y P U
M E T R Ó B N E O M Ó H Ü R
E M K Y W U U L R M I C L G
N R O V G S D I A B F K Ő O
T T W T O Z B K K V L K G N
Ő H Z U O N H O É S R A É X
A N C T I R A P T K M M P Y
U O L A D B J T A X I I L X
T F N J T K Ó E A W H O O U
Ó D A X K O W R V J Y N J U
```

REPÜLŐGÉP	TUTAJ
MENTŐAUTÓ	RAKÉTA
KERÉKPÁR	ROBOGÓ
HAJÓ	METRÓ
BUSZ	TAXI
AUTÓ	GUMIK
LAKÓKOCSI	TRAKTOR
KOMP	VONAT
HELIKOPTER	KAMION
MOTOR	FURGON

48 - Flowers

```
O K L I L I O M S T J F C H
R Ö H B Ó N D F Z U Á D S R
C R H A H F V G Á L Z H O I
H Ö L Z E N D D Z I M A K B
I M E S R Á M D S P I L O O
D V V A E R R P Z Á N V R N
E I E R P C J M O N E Á P M
A R N Ó V I G A R D É N I A
W Á D Z C S C M S N S Y T G
B G U S C Z G K Z M Z L Y N
R N L A M Á K L É E I I P Ó
U I A K M F H C P G R L A L
N A P R A F O R G Ó O A N I
P L U M E R I A P K M L G A
```

CSOKOR
KÖRÖMVIRÁG
LÓHERE
NÁRCISZ
SZÁZSZORSZÉP
PITYPANG
GARDÉNIA
JÁZMIN
LEVENDULA
HALVÁNYLILA

LILIOM
MAGNÓLIA
ORCHIDEA
BAZSARÓZSA
SZIROM
PLUMERIA
MÁK
NAPRAFORGÓ
TULIPÁN

49 - Town

```
N B H H G V I R Á G Á R U S
E G O Á L L A T K E R T P Z
L J S L U M W N E D V I I Í
E G Y E T E M I S K O L A N
G Y Ó G Y S Z E R T Á R C H
M K Ö N Y V T Á R Z I Z W Á
S Ú K Ö N Y V E S B O L T Z
M Z Z U H V T K L I N I K A
O N Á E Y J X X K N W F Y V
Z F N L U R E P Ü L Ő T É R
I W H U L M P É K S É G C U
B A N K I O S T A D I O N T
S T A G A A D P H R W S T A
G U E W O G G A L É R I A O
```

REPÜLŐTÉR	PIAC
PÉKSÉG	MÚZEUM
BANK	GYÓGYSZERTÁR
KÖNYVESBOLT	ISKOLA
MOZI	STADION
KLINIKA	BOLT
VIRÁGÁRUS	SZÍNHÁZ
GALÉRIA	EGYETEM
SZÁLLODA	ÁLLATKERT
KÖNYVTÁR	

50 - Antarctica

```
K  Ö  R  N  Y  E  Z  E  T  M  B  Ö  F  E
H  F  Z  S  Z  I  G  E  T  E  K  B  É  X
I  Ő  D  R  M  H  G  B  W  G  C  Ö  L  P
M  H  M  F  E  L  H  Ő  K  Ő  I  L  S  E
P  A  V  É  Z  C  S  O  A  R  J  D  Z  D
I  F  D  F  R  Y  W  E  S  Z  I  É  I  Í
N  Ö  N  A  D  S  V  N  Z  É  X  M  G  C
G  L  S  C  R  T  É  A  I  S  X  D  E  I
V  D  A  A  K  A  W  K  K  U  T  A  T  Ó
I  R  O  B  J  M  K  P  L  V  Í  Z  D  M
N  A  T  W  N  D  H  U  Á  E  X  H  C  M
E  J  P  S  Z  A  K  U  S  L  T  G  E  P
K  Z  C  H  T  U  D  O  M  Á  N  Y  O  S
T  O  P  O  G  R  Á  F  I  A  D  D  Y  P
```

ÖBÖL	PINGVINEK
MADARAK	FÉLSZIGET
FELHŐK	KUTATÓ
MEGŐRZÉS	SZIKLÁS
KÖRNYEZET	TUDOMÁNYOS
EXPEDÍCIÓ	HŐMÉRSÉKLET
FÖLDRAJZ	TOPOGRÁFIA
JÉG	VÍZ
SZIGETEK	

51 - Ballet

```
M  C  H  G  S  E  F  P  T  I  M  Y  G  K
L  N  S  C  Y  F  C  T  R  A  F  B  Z  V
K  E  C  S  E  S  B  M  Y  Ó  P  G  E  I
I  N  T  E  N  Z  I  T  Á  S  B  S  N  Z
M  Ű  V  É  S  Z  I  Y  B  F  G  A  E  M
T  E  C  H  N  I  K  A  U  Z  Y  I  S  O
K  O  R  E  O  G  R  Á  F  I  A  S  Z  K
J  R  H  T  Á  N  C  O  S  O  K  T  E  Z
K  Ö  Z  Ö  N  S  É  G  T  O  O  Í  R  E
K  É  S  Z  S  É  G  C  O  K  R  L  Z  N
V  B  A  L  E  R  I  N  A  O  L  U  Ő  E
U  Z  J  J  K  N  S  C  F  B  A  S  T  K
P  K  I  F  E  J  E  Z  Ő  L  T  Z  A  A
R  I  T  M  U  S  G  E  S  Z  T  U  S  R
```

TAPS	INTENZITÁS
MŰVÉSZI	IZMOK
KÖZÖNSÉG	ZENE
BALERINA	ZENEKAR
KOREOGRÁFIA	GYAKORLAT
ZENESZERZŐ	PRÓBA
TÁNCOSOK	RITMUS
KIFEJEZŐ	KÉSZSÉG
GESZTUS	STÍLUS
KECSES	TECHNIKA

52 - Human Body

```
V V T V T I M K O H W V A L
Á B É S Z Á J Y B O K A R I
L L R K U H Y N R I É G C U
L V D O E F D K W V Z Y A X
Z G T Z F E L I A F Ü L Á B
H S P Y E Z O O N E O W L Ő
Á L L K A P O C S J U O R R
L T J Y Ö U J G Z V G J X C
L A W T K N F J Í K É H J S
H T Z Z D Y Y W V D H R J O
A T G T P A B Ö M A G A C N
B H N D M K A T K L S S M T
P I K V N N I U E X H N Y O
S T U V N L L C N Z B T F K
```

BOKA	FEJ
VÉR	SZÍV
CSONTOK	ÁLLKAPOCS
AGY	TÉRD
ÁLL	LÁB
FÜL	SZÁJ
KÖNYÖK	NYAK
ARC	ORR
UJJ	VÁLL
KÉZ	BŐR

53 - Musical Instruments

```
S Z A X O F O N G G O N G Y
M A N D O L I N C I G E G U
J M H Á R F A F S O T B G R
K L A R I N É T Ö B S Á Z H
E G R R H R C Z R O O P R A
Y M S I I A D G G A N G G R
G Z O O Z M R A Ő C G J T A
T H N O O A B M D H I I F N
S M A X N H S A O R J T U G
O A E M G G D A B N D V V J
C P T R O M B I T A I Z O Á
D O B G R F A G O T T K L T
C W J Y A B E N D Z S Ó A É
C S E L L Ó H E G E D Ű P K
```

BENDZSÓ	HÁRFA
FAGOTT	MANDOLIN
CSELLÓ	MARIMBA
HARANGJÁTÉK	OBOA
KLARINÉT	ZONGORA
DOB	SZAXOFON
FUVOLA	CSÖRGŐDOB
GONG	HARSONA
GITÁR	TROMBITA
HARMONIKA	HEGEDŰ

54 - Fruit

```
Ő  P  E  N  C  W  K  P  H  M  P  D  A  G
S  S  P  E  L  S  R  Á  V  Á  A  S  N  B
Z  A  S  K  T  Á  E  B  C  L  P  Z  A  L
I  L  G  T  A  R  K  R  A  N  A  Ő  N  F
B  M  M  A  N  G  Ó  A  E  A  J  L  Á  O
A  A  L  R  T  A  K  A  G  S  A  Ő  S  F
R  O  D  I  S  B  U  N  B  X  Z  Y  Z  K
A  O  A  N  Y  A  S  U  P  R  H  N  E  J
C  C  I  U  L  R  Z  F  W  B  O  G  Y  Ó
K  K  I  D  W  A  D  I  N  N  Y  E  Y  E
G  A  I  T  Z  C  I  A  V  O  K  Á  D  Ó
G  M  V  V  R  K  Ó  B  A  N  Á  N  U  G
X  C  A  V  I  O  G  U  J  Á  V  A  F  A
A  H  N  C  V  G  M  K  Ö  R  T  E  V  R
```

ALMA	KIVI
SÁRGABARACK	CITROM
AVOKÁDÓ	MANGÓ
BANÁN	DINNYE
BOGYÓ	NEKTARIN
CSERESZNYE	PAPAJA
KÓKUSZDIÓ	ŐSZIBARACK
ÁBRA	KÖRTE
SZŐLŐ	ANANÁSZ
GUJÁVAFA	MÁLNA

55 - Virtues #1

```
K  L  Z  I  H  H  A  S  Z  N  O  S  M  F
U  M  A  G  A  B  I  Z  T  O  S  M  E  Ü
U  A  K  C  T  L  Á  W  I  E  K  F  G  G
V  K  G  H  É  V  O  J  Z  U  Í  C  B  G
G  U  P  Y  K  H  I  J  O  A  V  E  Í  E
U  Y  N  G  O  O  S  C  F  S  Á  T  Z  T
K  B  A  L  N  S  G  G  C  B  N  I  H  L
M  T  G  K  Y  Z  B  X  A  E  C  S  A  E
Ű  I  Y  B  O  E  B  C  L  T  S  Z  T  N
V  J  L  P  U  R  F  V  B  E  I  T  Ó  Y
É  E  E  L  T  É  L  L  O  G  N  A  T  V
S  J  L  M  S  N  K  A  B  Ö  L  C  S  Y
Z  J  K  J  S  Y  A  T  T  D  Ö  N  T  Ő
I  Ó  Ű  I  N  T  E  L  L  I  G  E  N  S
```

MŰVÉSZI	JÓ
BÁJOS	HASZNOS
TISZTA	FÜGGETLEN
MAGABIZTOS	INTELLIGENS
KÍVÁNCSI	SZERÉNY
DÖNTŐ	BETEG
HATÉKONY	GYAKORLATI
VICCES	MEGBÍZHATÓ
NAGYLELKŰ	BÖLCS

56 - Kitchen

```
K  Ö  T  É  N  Y  H  R  Z  B  L  W  T  É
A  S  Á  M  F  M  Ű  E  H  V  T  Y  K  L
N  Z  L  É  Ű  E  T  C  U  Í  E  D  D  E
C  A  S  L  S  R  Ő  E  S  Z  O  N  E  L
S  L  Ü  Y  Z  Ő  S  P  X  F  E  U  N  M
Ó  V  T  H  E  K  Z  T  K  O  R  S  Ó  I
E  É  Ő  Ű  R  A  E  R  A  R  C  M  S  S
M  T  G  T  E  N  K  F  N  R  S  J  Z  Z
G  A  P  Ő  K  Á  R  B  A  A  É  M  I  E
S  F  G  T  J  L  É  K  L  L  S  V  V  R
I  K  L  R  C  D  N  É  A  Ó  Z  I  A  D
M  Z  L  B  I  J  Y  S  K  I  É  L  C  W
N  Z  M  E  M  L  C  E  B  T  K  L  S  V
N  A  D  G  J  S  L  K  Y  U  F  A  E  O
```

KÖTÉNY	KÉSEK
TÁL	MERŐKANÁL
CSÉSZÉK	SZALVÉTA
ÉLELMISZER	SÜTŐ
VILLA	RECEPT
MÉLYHŰTŐ	HŰTŐSZEKRÉNY
GRILL	FŰSZEREK
KORSÓ	SZIVACS
KANCSÓ	KANALAK
VÍZFORRALÓ	ENNI

57 - Art Supplies

```
A T U X M U T Y I Z F A X K
G C I C E R U Z Á K E K E R
Y C X N P A P Í R Z S R A E
A I Y Y T G O L A J T I K A
G W D Z K A M E R A É L V T
A R U V K S W Ö K F K U A I
N S F A S Z É N T S E Y R V
Y Z Z L O T K M A L K K E I
L É A T R Ó I M T N E X L T
M K O J A S Z Í N E K T L Á
Z X P B D L V Í Z F S O E S
T F N U Í U P Z M L P B K K
X Y P E R E C S E T E K J E
F E S T Ő Á L L V Á N Y M G
```

AKRIL	RAGASZTÓ
ECSETEK	ÖTLETEK
KAMERA	TINTA
SZÉK	OLAJ
FASZÉN	FESTÉKEK
AGYAG	PAPÍR
SZÍNEK	CERUZÁK
KREATIVITÁS	ASZTAL
FESTŐÁLLVÁNY	VÍZ
RADÍR	AKVARELLEK

58 - Science Fiction

```
I  L  L  Ú  Z  I  Ó  I  V  B  Z  V  K  S
A  V  X  W  M  U  F  G  E  E  D  R  W  Z
T  E  C  H  N  O  L  Ó  G  I  A  E  D  É
F  B  D  M  C  P  M  G  Y  T  K  J  Y  L
R  O  B  O  T  O  K  A  S  K  Ű  C  S  S
E  O  I  Z  I  P  M  L  Z  R  R  Z  T  Ő
J  U  B  I  P  E  I  A  E  E  J  U  O  S
Ó  T  A  B  G  K  Y  X  R  J  P  V  P  É
S  Ó  I  V  A  Ö  C  I  E  T  X  N  I  G
L  P  B  X  T  N  E  S  K  É  G  I  A  E
A  I  V  F  O  Y  Á  B  O  L  Y  G  Ó  S
T  A  I  N  M  V  W  S  I  Y  M  A  F  C
X  Z  Z  F  I  E  J  J  E  E  S  N  M  A
V  I  L  Á  G  K  C  Y  S  S  X  E  K  N
```

ATOMI	ILLÚZIÓ
KÖNYVEK	REJTÉLYES
VEGYSZEREK	JÓSLAT
MOZI	BOLYGÓ
DYSTOPIA	ROBOTOK
ROBBANÁS	TECHNOLÓGIA
SZÉLSŐSÉGES	UTÓPIA
TŰZ	VILÁG
GALAXIS	

59 - Airplanes

```
M A G A S S Á G E O D M E T
S R A X Ü Z E M A N Y A G Ö
A Z M T L E S Z Á L L Á S R
H U Á E D P É P Í T É S B T
T I L R K H G T Y F S L H É
K U E V M S W E U Z G E I N
A D G E O A W B T P R V D E
L R É Z T C Z L A I A E R L
A L N É O I O Á S L J G O E
N É Y S R P R N S Ó L Ő G M
D G S M S O U Á T Z O É R
H K É X T G D U N A M A N Y
A Ö G U E V P W H Y O M K R
N R P R O P E L L E R E K J
```

KALAND	ÜZEMANYAG
LEVEGŐ	MAGASSÁG
LÉGKÖR	TÖRTÉNELEM
BALLON	HIDROGÉN
ÉPÍTÉS	LESZÁLLÁS
LEGÉNYSÉG	UTAS
SZÁRMAZÁS	PILÓTA
TERVEZÉS	PROPELLEREK
IRÁNY	ÉG
MOTOR	

60 - Ocean

```
Z  R  G  A  A  R  C  Á  P  A  M  H  U  L
Z  T  G  A  R  N  É  L  A  R  Á  K  I  J
T  O  R  D  Á  H  G  Z  Y  B  V  F  P  L
D  S  U  Z  K  K  F  O  Á  L  M  U  G  C
P  Z  J  J  H  I  O  H  L  T  T  J  U  D
X  T  O  N  H  A  L  V  A  N  O  B  P  E
Á  R  A  P  Á  L  Y  I  H  M  A  N  J  L
K  I  W  C  C  O  C  H  A  E  S  N  Y  F
B  G  T  S  Ó  A  C  A  L  D  U  Y  H  I
D  A  S  E  M  H  O  R  F  Ú  M  B  Í  N
M  O  K  Y  K  R  N  E  K  Z  A  Á  N  J
A  L  G  A  G  N  K  O  R  A  L  L  Á  V
K  I  J  L  O  M  Ő  Z  W  V  A  N  R  U
V  F  P  O  L  I  P  S  Z  I  V  A  C  S
```

ALGA	SÓ
KORALL	HÍNÁR
RÁK	CÁPA
DELFIN	GARNÉLARÁK
ANGOLNA	SZIVACS
HAL	VIHAR
MEDÚZA	ÁRAPÁLY
POLIP	TONHAL
OSZTRIGA	TEKNŐS
ZÁTONY	BÁLNA

61 - Birds

```
A O M V D Y F X S E X L G W
S O V U M R H T T Y E A F R
L T U K Á N C S G Ó L Y A Z
J Y R C P P S I É K F I G C
K A K U K K I R M A L H B K
D O I K C D R Á R C A A P A
S E X T C K L W S M T A N
P V E R É B E Y N A I T P Á
I Á S A S T O J Á S N Y A R
N P V A R J Ú L Z A G Ú G I
G E W A A A S H U D Ó Y Á I
V P E L I K Á N C B M G J X
I J N G K U M F C O K T Z F
N R R K T J V G P D E Z K Z
```

KANÁRI   GÉM
CSIRKE   STRUCC
VARJÚ   PAPAGÁJ
KAKUKK   PÁVA
KACSA   PELIKÁN
SAS   PINGVIN
TOJÁS   VERÉB
FLAMINGÓ   GÓLYA
LIBA   HATTYÚ
SIRÁLY   TUKÁN

62 - Art

```
S A I H L E T E T T E S K S
X Z F L A M Z K Z F R Z Ö Z
N D O D D N Z N N K E I L Ü
P R M B X J G Z U G D M T R
C S F C O K B U I K E B É R
J V C M W R I O L M T Ó S E
K E R Á M I A F Y A I L Z A
Ö S S Z E T É T E L T U E L
E G Y S Z E R Ű X J N M T I
T Ö S S Z E T E T T E Z T Z
S C S P F O Á N S R B Z B M
I W M D G S R W T D H V É U
L X B N I T G Y I O L W U S
S Z E M É L Y E S E W T R J
```

KERÁMIA	SZEMÉLYES
ÖSSZETETT	KÖLTÉSZET
ÖSSZETÉTEL	SZOBOR
KIFEJEZÉS	EGYSZERŰ
IHLETETT	TÁRGY
HANGULAT	SZÜRREALIZMUS
EREDETI	SZIMBÓLUM

63 - Nutrition

```
E  G  É  S  Z  S  É  G  E  S  N  I  R  S
D  K  G  W  U  Ú  D  N  N  Í  P  B  M  Z
E  H  E  T  Ő  L  I  V  S  Z  Ó  S  Z  É
M  E  H  V  Á  Y  É  T  V  Á  G  Y  K  N
É  U  R  W  J  P  T  E  F  X  Y  V  A  H
S  O  O  J  K  Y  A  F  O  S  F  I  L  I
Z  S  B  K  E  V  X  N  L  W  M  T  Ó  D
T  M  I  N  Ő  S  É  G  Y  K  R  A  R  R
É  F  L  F  T  V  Z  Y  A  A  D  M  I  Á
S  K  E  S  E  R  Ű  T  D  I  G  I  A  T
S  Z  O  K  Á  S  O  K  É  F  Z  N  R  O
E  G  É  S  Z  S  É  G  K  S  T  S  T  K
F  T  T  O  X  I  N  T  O  X  L  J  L  U
R  F  E  H  É  R  J  É  K  J  T  U  P  Y
```

ÉTVÁGY	EGÉSZSÉG
KESERŰ	EGÉSZSÉGES
KALÓRIA	FOLYADÉKOK
SZÉNHIDRÁTOK	TÁPANYAG
DIÉTA	FEHÉRJÉK
EMÉSZTÉS	MINŐSÉG
EHETŐ	SZÓSZ
ERJESZTÉS	TOXIN
ÍZ	VITAMIN
SZOKÁSOK	SÚLY

64 - Hiking

```
N  T  T  É  R  K  É  P  Z  R  K  V  C  X
A  E  L  G  E  F  J  K  Ö  V  E  K  Í  C
P  R  H  E  G  Y  W  L  A  O  M  R  S  Z
É  M  N  É  U  E  H  E  O  R  P  E  Z  V
G  É  W  E  Z  F  S  J  R  I  I  B  Ú  E
H  S  Y  P  A  R  K  O  K  E  N  I  N  S
A  Z  Á  L  S  K  O  K  F  N  G  C  Y  Z
J  E  L  Ő  K  É  S  Z  Í  T  É  S  O  É
L  T  L  F  S  F  V  D  N  Á  V  I  G  L
A  A  A  A  Z  C  Á  H  J  C  U  Z  O  Y
T  J  T  U  I  E  W  R  F  I  H  M  K  E
P  V  O  Z  K  I  J  L  A  Ó  W  A  F  K
Y  H  K  G  L  X  O  V  A  D  Z  D  G  G
T  X  B  U  A  L  Z  A  A  Y  T  C  D  O
```

ÁLLATOK	TERMÉSZET
CSIZMA	ORIENTÁCIÓ
KEMPING	PARKOK
SZIKLA	ELŐKÉSZÍTÉS
ÉGHAJLAT	KÖVEK
VESZÉLYEK	NAP
NEHÉZ	FÁRADT
TÉRKÉP	VÍZ
SZÚNYOGOK	VAD
HEGY	

65 - Professions #1

```
T  É  R  K  É  P  É  S  Z  E  N  R  Z  H
Á  Ű  K  S  Z  B  N  B  S  Z  A  B  Ó  P
N  T  Z  S  E  M  G  Ü  V  Y  G  I  G  S
C  E  O  O  Z  Z  F  G  R  W  Y  V  S  Z
O  N  N  O  L  E  F  Y  Z  H  K  F  Z  I
S  G  G  J  R  T  R  V  H  N  Ö  W  E  C
J  E  O  L  K  V  Ó  É  X  P  V  E  N  H
E  R  R  F  R  D  O  D  S  J  E  R  É  O
E  É  I  V  Y  I  L  S  X  Z  T  L  S  L
D  S  S  Z  E  R  K  E  S  Z  T  Ő  Z  Ó
Z  Z  T  C  S  I  L  L  A  G  Á  S  Z  G
Ő  B  A  N  K  Á  R  A  F  O  W  T  J  U
V  A  D  Á  S  Z  G  E  O  L  Ó  G  U  S
Z  Á  P  O  L  Ó  B  H  W  T  I  F  N  T
```

NAGYKÖVET	GEOLÓGUS
CSILLAGÁSZ	VADÁSZ
ÜGYVÉD	ÉKSZERÉSZ
BANKÁR	ZENÉSZ
TÉRKÉPÉSZ	ÁPOLÓ
EDZŐ	ZONGORISTA
TÁNCOS	PSZICHOLÓGUS
ORVOS	TENGERÉSZ
SZERKESZTŐ	SZABÓ
TŰZOLTÓ	

66 - Dinosaurs

```
O E F S E N A G Y J G U Z F
P E A Ö O H E V O L Ú C I Ó
Z L R M L W R E D N F H T Y
S T O H C D Ő Y W V O L A H
Á Ű K P H Ú S E V Ő S S N N
K N H C M M S C Y M S M Z Ö
M É H A T A L M A S Z I B V
Á S Ü R C M T D M Z Í N R É
N M L T K U F A J Á L D A N
Y S L A U T M K J R I E P Y
P S Ő Ő S K O R I N Á N T E
M É R E T K L A V Y K E O V
K P N J Z P Y D P A M V R Ő
O D J X K R Y B S K U Ő X W
```

HÚSEVŐ	ERŐS
ELTŰNÉS	ŐSKORI
FÖLD	ZSÁKMÁNY
HATALMAS	RAPTOR
EVOLÚCIÓ	HÜLLŐ
FOSSZÍLIÁK	MÉRET
NÖVÉNYEVŐ	FAJ
NAGY	FAROK
MAMUT	GONOSZ
MINDENEVŐ	SZÁRNYAK

67 - Barbecues

```
P  Y  L  A  K  G  Y  E  R  M  E  K  E  K
A  S  N  Y  Á  R  C  S  A  L  Á  D  R  B
R  Ó  Z  O  E  I  S  D  F  V  C  O  D  A
A  K  E  Ó  É  L  E  L  M  I  S  Z  E  R
D  V  N  H  S  L  K  É  S  E  K  G  M  Á
I  I  E  G  A  Z  F  O  R  R  Ó  K  D  T
C  L  K  H  L  J  G  C  S  I  R  K  E  O
S  L  Z  S  Á  M  Á  Y  W  P  Z  T  L  K
O  A  N  K  T  T  T  T  Ü  D  L  K  R  F
M  P  O  B  Á  Y  K  U  É  M  D  X  N  L
K  H  I  S  K  M  V  T  X  K  Ö  U  K  D
Z  Ö  L  D  S  É  G  E  K  J  O  L  O  O
É  H  S  É  G  Y  X  I  O  O  M  K  C  W
K  U  I  O  V  A  C  S  O  R  A  T  G  S
```

CSIRKE	FORRÓ
GYERMEKEK	ÉHSÉG
VACSORA	KÉSEK
CSALÁD	ZENE
ÉLELMISZER	SALÁTÁK
VILLA	SÓ
BARÁTOK	SZÓSZ
GYÜMÖLCS	NYÁR
JÁTÉKOK	PARADICSOM
GRILL	ZÖLDSÉGEK

68 - Surfing

```
S  S  K  S  N  I  D  Ő  J  Á  R  Á  S  J
P  T  B  E  R  Ő  A  T  L  É  T  A  N  T
R  Í  A  B  Z  M  Y  Ö  H  A  B  O  X  S
A  L  J  E  E  D  P  M  M  Ó  K  A  J  R
Y  U  N  S  B  F  Ő  E  G  Y  O  M  O  R
Ó  S  O  S  P  X  Z  G  Ú  S  Z  N  I  S
L  C  K  É  E  H  U  L  L  Á  M  Y  L  T
A  V  E  G  Z  Á  T  O  N  Y  X  H  F  R
F  C  Y  Á  N  R  G  V  T  J  U  W  G  A
K  N  W  C  N  N  É  P  S  Z  E  R  Ű  N
S  Z  É  L  S  Ő  S  É  G  E  S  N  Y  D
P  X  R  E  A  O  H  O  W  W  A  Y  V  E
O  M  F  P  T  U  X  I  P  D  N  R  W  Y
Z  U  S  E  G  F  C  L  I  D  V  A  C  J
```

ATLÉTA	ZÁTONY
STRAND	SEBESSÉG
KEZDŐ	SPRAY
BAJNOK	GYOMOR
TÖMEG	ERŐ
SZÉLSŐSÉGES	STÍLUS
HAB	ÚSZNI
MÓKA	HULLÁM
ÓCEÁN	IDŐJÁRÁS
NÉPSZERŰ	

69 - Chocolate

```
C  A  K  E  S  E  R  Ű  U  T  K  T  G  S
É  U  N  C  U  K  O  R  K  A  Ó  O  G  Ó
D  N  K  T  E  G  Z  O  T  I  K  U  S  V
E  M  E  O  I  V  A  X  H  H  U  H  R  Á
S  F  I  A  R  O  M  A  I  K  S  N  D  R
B  H  N  M  I  R  X  F  U  G  Z  W  X  G
S  N  K  E  J  K  C  I  C  Y  D  B  A  Á
K  A  L  Ó  R  I  A  P  D  M  I  B  M  S
E  N  N  I  O  H  T  K  M  Á  Ó  O  V  O
D  N  K  Y  P  K  P  U  A  O  N  Í  Z  A
V  K  A  R  A  M  E  L  L  Ó  N  S  D  Z
E  Ö  S  S  Z  E  T  E  V  Ő  T  M  R  A
N  R  E  C  E  P  T  P  K  F  P  O  R  F
C  F  I  N  O  M  I  N  Ő  S  É  G  X  P
```

ANTIOXIDÁNS	EGZOTIKUS
AROMA	KEDVENC
KESERŰ	ÖSSZETEVŐ
KAKAÓ	POR
KALÓRIA	MINŐSÉG
CUKORKA	RECEPT
KARAMELL	CUKOR
KÓKUSZDIÓ	ÉDES
SÓVÁRGÁS	ÍZ
FINOM	ENNI

70 - Vegetables

```
G O M B A S Á R G A R É P A
Y G Y N S I E Y S A L Á T A
Ö S R U F L D V S P E N Ó T
M O G Y O R Ó H A G Y M A P
B B L U J R W U I B W N N A
É P A R A D I C S O M H W D
R E T E K H R K A R F I O L
H F L Ö A R T I C S Ó K A I
B R O K K O L I M Ó A X E Z
F E H É R R É P A W R W G S
P E T R E Z S E L Y E M C Á
C P Z E L L E R R S E F K N
D V H A G Y M A U B O R K A
B C T R T F O K H A G Y M A
```

ARTICSÓKA	HAGYMA
BROKKOLI	PETREZSELYEM
SÁRGARÉPA	BORSÓ
KARFIOL	TÖK
ZELLER	RETEK
UBORKA	SALÁTA
PADLIZSÁN	MOGYORÓHAGYMA
FOKHAGYMA	SPENÓT
GYÖMBÉR	PARADICSOM
GOMBA	FEHÉRRÉPA

71 - Boats

```
I  Z  H  A  B  D  U  E  N  F  Y  N  S  T
S  N  O  L  G  T  O  C  M  O  F  V  O  E
B  S  R  S  J  U  H  K  T  L  X  I  K  N
D  D  G  K  Ö  T  É  L  K  Y  K  T  B  G
T  W  O  A  J  A  J  O  M  Ó  X  O  K  E
Ó  T  N  J  H  J  A  C  H  T  B  R  E  R
M  E  Y  A  B  Ó  J  A  X  O  T  L  N  Y
D  N  K  K  O  M  P  P  O  R  E  Á  U  K
E  G  T  E  N  G  E  R  É  S  Z  S  K  U
Á  E  L  E  G  É  N  Y  S  É  G  A  U  O
U  R  M  E  N  T  Ő  C  S  Ó  N  A  K  A
F  I  B  D  G  P  V  M  S  Z  R  U  X  H
J  T  M  O  T  O  R  I  F  Z  S  R  F  F
C  I  G  Ó  C  E  Á  N  O  W  O  B  B  N
```

HORGONY	ÁRBOC
BÓJA	TENGERI
KENU	ÓCEÁN
LEGÉNYSÉG	TUTAJ
DOKK	FOLYÓ
MOTOR	KÖTÉL
KOMP	VITORLÁS
KAJAK	TENGERÉSZ
TÓ	TENGER
MENTŐCSÓNAK	JACHT

72 - Activities and Leisure

```
B  Ú  V  Á  R  K  O  D  Á  S  E  L  L  T
O  U  L  H  O  B  B  I  J  H  M  G  B  Ú
K  E  T  K  O  S  Á  R  L  A  B  D  A  R
S  E  S  A  F  E  S  T  M  É  N  Y  H  Á
Z  S  M  N  Z  M  T  E  X  K  J  C  A  Z
B  Z  M  P  H  Á  Y  P  A  J  T  R  L  Á
A  Ö  Ű  V  I  J  S  I  Z  F  Z  N  Á  S
S  R  V  E  F  N  R  H  T  E  N  I  S  Z
E  F  É  R  U  Z  G  E  C  M  T  W  Z  L
B  Ö  S  S  T  D  O  N  Ú  Z  G  J  A  E
A  Z  Z  E  B  H  L  T  R  S  K  R  T  K
L  É  E  N  A  L  F  E  Y  T  Z  T  S  I
L  S  T  Y  L  L  C  T  Z  X  L  Á  Y  T
V  R  O  H  L  C  O  Ő  H  W  T  V  S  S
```

MŰVÉSZET	HOBBI
BASEBALL	FESTMÉNY
KOSÁRLABDA	VERSENY
BOKSZ	PIHENTETŐ
KEMPING	FUTBALL
BÚVÁRKODÁS	SZÖRFÖZÉS
HALÁSZAT	ÚSZÁS
GOLF	TENISZ
TÚRÁZÁS	UTAZÁS

73 - Driving

```
G  W  G  F  S  Ü  T  N  E  C  Z  S  A  H
A  R  Y  O  E  L  Z  O  R  O  X  B  O  R
R  E  A  R  B  A  L  E  S  E  T  K  J  Z
Á  D  L  G  E  U  X  B  M  R  F  H  I  M
Z  H  O  A  S  L  R  B  K  A  M  I  O  N
S  D  G  L  S  Ú  T  Y  H  A  N  G  J  J
G  V  O  O  É  M  O  T  O  R  U  Y  J  E
C  E  S  M  G  T  R  F  G  Á  Z  T  A  N
S  S  A  L  A  G  Ú  T  M  M  P  T  Ó  G
O  Z  B  I  Z  T  O  N  S  Á  G  É  V  E
F  É  Z  U  S  M  R  S  G  V  O  R  E  D
Ő  L  R  E  N  D  Ő  R  S  É  G  K  I  É
R  Y  F  Y  V  F  É  K  E  K  E  É  V  L
W  U  K  C  K  N  M  R  P  B  Y  P  F  Y
```

BALESET	MOTOR
FÉKEK	GYALOGOS
AUTÓ	RENDŐRSÉG
VESZÉLY	ÚT
SOFŐR	BIZTONSÁG
ÜZEMANYAG	SEBESSÉG
GARÁZS	FORGALOM
GÁZ	KAMION
ENGEDÉLY	ALAGÚT
TÉRKÉP	

74 - Professions #2

```
Z  U  O  N  K  O  N  N  D  T  S  K  F  N
D  R  M  Y  Ű  R  H  A  J  Ó  S  E  O  Y
F  A  K  O  A  V  M  V  U  E  C  R  G  E
G  B  N  M  L  O  K  M  J  O  W  T  O  L
Y  R  K  O  O  S  E  B  É  S  Z  É  R  V
G  I  A  Z  W  X  L  I  Z  R  W  S  V  É
P  I  L  Ó  T  A  V  A  O  G  N  Z  O  S
T  O  B  I  O  L  Ó  G  U  S  A  Ö  S  Z
A  J  F  I  L  O  Z  Ó  F  U  S  Z  K  G
N  F  E  L  T  A  L  Á  L  Ó  U  E  D  J
Á  O  S  K  Ö  N  Y  V  T  Á  R  O  S  A
R  T  T  Ú  J  S  Á  G  Í  R  Ó  O  D  P
R  Ó  Ő  Z  O  O  L  Ó  G  U  S  Y  E  C
R  S  I  L  L  U  S  Z  T  R  Á  T  O  R
```

ŰRHAJÓS	KÖNYVTÁROS
BIOLÓGUS	NYELVÉSZ
FOGORVOS	FESTŐ
NYOMOZÓ	FILOZÓFUS
MÉRNÖK	FOTÓS
GAZDA	ORVOS
KERTÉSZ	PILÓTA
ILLUSZTRÁTOR	SEBÉSZ
FELTALÁLÓ	TANÁR
ÚJSÁGÍRÓ	ZOOLÓGUS

75 - Emotions

```
E  G  E  C  K  T  A  R  T  A  L  O  M  U
H  L  I  M  E  G  L  E  P  E  T  É  S  N
Á  N  É  A  D  M  M  Z  X  N  S  W  Z  A
L  Y  S  G  V  G  T  A  D  V  O  A  R  L
Á  U  R  B  E  D  Z  V  K  R  B  Y  O  O
S  G  N  S  S  D  D  A  D  K  K  É  O  M
G  O  E  R  S  Z  E  R  E  T  E  T  K  M
L  D  Z  U  É  T  Y  T  H  A  R  A  G  E
J  T  I  Z  G  A  T  O  T  T  Z  T  M  I
S  Z  O  M  O  R  Ú  S  Á  G  F  F  R  B
S  Z  I  M  P  Á  T  I  A  Ö  L  W  A  S
B  O  L  D  O  G  S  Á  G  E  R  S  E  V
F  É  L  E  L  E  M  C  D  U  R  Ö  N  I
G  Y  E  N  G  É  D  S  É  G  V  Z  M  O
```

HARAG	ÖRÖM
BOLDOGSÁG	KEDVESSÉG
UNALOM	SZERETET
NYUGODT	BÉKE
TARTALOM	SZOMORÚSÁG
ZAVART	ELÉGEDETT
IZGATOTT	MEGLEPETÉS
FÉLELEM	SZIMPÁTIA
HÁLÁS	GYENGÉDSÉG

76 - Mythology

```
V T E R E M T M É N Y H B I
I V I S E L K E D É S I O S
L H M H A R C O S E P E S T
L A M L W O L P E H B D S E
Á L B T E R E M T É S E Z N
M A W I H Ő S E J J E L Ú S
H N E I R W D N O V R M J É
K D F F B I O N L U Ő E G G
N Ó W D H E N Y D J K K B E
L E G E N D A T J C F P N K
S Z Ö R N Y M K U L T Ú R A
F É L T É K E N Y S É G A G
A R C H E T Í P U S O O J V
K U M E N N Y D Ö R G É S C
```

ARCHETÍPUS	LABIRINTUS
VISELKEDÉS	LEGENDA
HIEDELMEK	VILLÁM
TEREMTÉS	SZÖRNY
TEREMTMÉNY	HALANDÓ
KULTÚRA	BOSSZÚ
ISTENSÉGEK	ERŐ
MENNY	MENNYDÖRGÉS
HŐS	HARCOS
FÉLTÉKENYSÉG	

77 - Hair Types

```
B  K  O  P  A  S  Z  K  K  V  R  V  G  C
A  M  V  R  P  W  Z  S  I  N  Ó  R  V  S
R  F  É  N  Y  E  S  Í  N  K  T  L  X  T
N  W  N  M  M  A  F  R  N  C  N  R  B  V
A  H  P  B  T  S  D  W  R  E  P  U  H  A
F  O  H  U  L  L  Á  M  O  S  S  F  S  S
E  S  G  K  C  P  P  W  O  Z  Y  O  Z  T
H  S  T  G  W  H  W  Z  O  Ő  V  N  Á  A
É  Z  F  E  F  S  Z  Ü  R  K  E  O  R  G
R  Ú  E  W  B  Ü  D  W  Y  E  B  T  A  Ö
V  É  K  O  N  Y  R  Ö  V  I  D  T  Z  N
W  N  E  H  L  W  N  T  E  W  P  K  C  D
M  D  T  R  C  B  M  C  Ö  G  B  K  H  Ö
Z  A  E  S  H  J  X  G  W  K  Y  R  V  R
```

KOPASZ	SZÜRKE
FEKETE	HOSSZÚ
SZŐKE	FÉNYES
FONOTT	RÖVID
ZSINÓR	PUHA
BARNA	VASTAG
SZÍNES	VÉKONY
FÜRTÖK	HULLÁMOS
GÖNDÖR	FEHÉR
SZÁRAZ	

78 - Furniture

```
G  N  S  Z  Ő  N  Y  E  G  X  R  R  Z  D
R  J  Z  J  E  E  F  E  C  A  X  W  P  M
F  R  É  A  R  M  O  I  R  E  D  K  A  A
O  U  K  U  P  T  B  V  R  P  P  E  D  T
T  Í  T  G  G  A  P  N  O  Á  H  F  D  R
E  R  Ü  O  P  L  P  P  Á  R  N  Á  K  A
L  Ó  K  Á  N  U  R  L  W  N  S  G  O  C
Á  A  Ö  X  G  S  S  T  A  A  D  E  N  O
M  S  R  E  B  Y  I  I  K  N  K  M  T  N
P  Z  K  Ö  N  Y  V  E  S  P  O  L  C  O
A  T  F  Ü  G  G  Ő  Á  G  Y  N  K  P  G
F  A  F  Ü  G  G  Ö  N  Y  Ö  K  G  S  N
D  L  K  A  N  A  P  É  K  O  M  Ó  D  K
G  E  W  D  U  H  G  P  O  L  C  O  K  U
```

FOTEL	ÍRÓASZTAL
ARMOIRE	KOMÓD
ÁGY	FUTON
PAD	FÜGGŐÁGY
KÖNYVESPOLC	LÁMPA
SZÉK	MATRAC
PAPLANOK	TÜKÖR
KANAPÉ	PÁRNA
FÜGGÖNYÖK	SZŐNYEG
PÁRNÁK	POLCOK

79 - Garden

```
G  I  C  I  L  T  A  V  A  C  S  K  A  R
Y  J  Y  B  F  A  O  G  A  R  Á  Z  S  T
E  D  F  O  Ő  O  P  R  K  G  I  D  K  B
P  X  Ü  K  E  R  T  Á  N  S  G  C  E  O
S  X  G  O  E  O  T  W  T  Á  E  M  R  P
T  Z  G  R  E  W  T  F  A  H  C  E  Í  Z
X  B  Ő  F  J  B  R  X  Z  U  H  L  T  X
E  N  Á  L  G  O  F  Z  C  L  Z  R  É  I
M  B  G  W  Ő  J  O  V  I  U  N  G  S  O
P  G  Y  Ü  M  Ö  L  C  S  Ö  S  Y  M  A
T  E  R  A  S  Z  O  E  K  H  B  O  R  E
P  A  D  I  V  I  R  Á  G  T  Ö  M  L  Ő
G  E  R  E  B  L  Y  E  L  I  W  O  U  J
T  R  A  M  B  U  L  I  N  G  W  K  X  E
```

PAD	GYÜMÖLCSÖS
BOKOR	TAVACSKA
KERÍTÉS	TORNÁC
VIRÁG	GEREBLYE
GARÁZS	LAPÁT
KERT	TERASZ
FŰ	TRAMBULIN
FÜGGŐÁGY	FA
TÖMLŐ	SZŐLŐ
GYEP	GYOMOK

80 - Birthday

```
V T N A P G K Á R T Y Á K S
W Y L A F S Y S K J B Z B Z
E O W E P L X E T L N Z O Ü
N X É T A T U Y R G K C L L
K B V Y P T Á I F T I X D E
T O R T A A M R I Ü Y X O T
A N F A V O Ó T A N R Á G E
N A G Y I A K R T N A B K T
U L N S D D A L A E J I N T
L C F E Á N Ő K L P Á X E X
N W V L M J F M W L N L Y W
I M E G H Í V Ó K É D Z J W
K Ü L Ö N L E G E S É L L Y
B Ö L C S E S S É G K T E P
```

SZÜLETETT	BOLDOG
TORTA	MEGHÍVÓK
NAPTÁR	VIDÁM
GYERTYÁK	DAL
KÁRTYÁK	KÜLÖNLEGES
ÜNNEPLÉS	IDŐ
NAP	TANULNI
MÓKA	BÖLCSESSÉG
AJÁNDÉK	ÉV
NAGY	FIATAL

81 - Beach

```
U  F  L  V  Z  A  Z  O  N  Ó  L  V  C  T
R  U  U  I  R  Á  M  F  A  C  A  M  C  Ö
E  L  W  T  H  M  T  C  T  E  G  P  D  R
F  D  H  O  M  O  K  O  M  Á  Ú  M  O  Ü
R  Y  G  R  Á  K  V  A  N  N  N  M  S  L
K  C  P  L  Ú  S  Z  N  I  Y  A  L  H  K
S  I  F  Á  K  Z  P  T  E  N  G  E  R  Ö
E  Z  B  S  V  I  A  K  A  G  Y  L  Ó  Z
W  S  A  W  B  G  R  N  N  A  P  J  P  Ő
G  Z  E  N  V  E  T  R  K  X  M  M  S  V
K  I  Y  R  D  T  E  D  W  T  G  X  E  D
H  A  J  Ó  N  Á  C  X  J  K  K  Y  W  O
O  D  P  A  C  Y  L  O  F  T  C  K  É  K
I  F  V  N  S  E  Ő  I  A  S  R  U  D  K
```

KÉK	VITORLÁS
HAJÓ	HOMOK
PART	SZANDÁL
RÁK	TENGER
DOKK	KAGYLÓ
SZIGET	NAP
LAGÚNA	ÚSZNI
ÓCEÁN	TÖRÜLKÖZŐ
ZÁTONY	ESERNYŐ

82 - Adjectives #1

```
E  N  D  Ő  U  E  V  O  N  Z  Ó  V  N  A
T  X  W  P  S  G  P  V  Y  Y  H  É  A  M
F  I  A  B  S  Z  O  L  Ú  T  H  K  G  B
X  P  Z  C  A  O  I  F  É  I  A  O  Y  I
C  S  O  L  L  T  U  N  R  D  S  N  L  C
A  X  N  Z  A  I  V  E  T  M  Z  Y  E  I
B  K  O  L  S  K  P  H  É  E  N  M  L  Ó
M  O  S  P  S  U  E  É  K  N  O  Ű  K  Z
M  M  L  W  Ú  S  F  Z  E  M  S  V  Ű  U
F  O  Z  D  V  T  L  O  S  Ö  T  É  T  S
C  L  J  G  O  N  V  W  N  S  P  S  U  Z
F  Y  R  U  V  G  T  Y  R  T  T  Z  B  É
A  R  O  M  Á  S  G  O  C  B  O  I  G  P
A  P  O  T  C  M  O  D  E  R  N  S  N  T
```

ABSZOLÚT	NEHÉZ
AMBICIÓZUS	HASZNOS
AROMÁS	ŐSZINTE
MŰVÉSZI	AZONOS
VONZÓ	FONTOS
SZÉP	MODERN
SÖTÉT	KOMOLY
EGZOTIKUS	LASSÚ
NAGYLELKŰ	VÉKONY
BOLDOG	ÉRTÉKES

83 - Rainforest

```
F  Z  S  O  K  F  É  L  E  S  É  G  B  L
E  M  A  C  É  U  B  L  M  K  É  M  O  F
L  P  A  O  G  S  D  I  L  D  R  E  T  A
H  V  G  D  H  K  M  D  Ő  C  T  N  A  J
Ő  R  O  V  A  R  O  K  S  V  É  E  N  T
K  Z  W  I  J  R  H  J  Ö  G  K  D  I  E
I  T  V  Y  L  D  A  Y  K  V  E  É  K  R
O  J  O  X  A  O  N  K  M  T  S  K  A  M
T  I  S  Z  T  E  L  E  T  Ú  H  A  F  É
X  H  E  L  Y  R  E  Á  L  L  Í  T  Á  S
M  E  G  Ő  R  Z  É  S  T  É  E  V  K  Z
V  O  D  Z  S  U  N  G  E  L  V  E  P  E
K  É  T  É  L  T  Ű  E  K  É  Y  W  B  T
Z  Y  B  G  R  K  Ö  Z  Ö  S  S  É  G  D
```

KÉTÉLTŰEK
MADARAK
BOTANIKA
ÉGHAJLAT
FELHŐK
KÖZÖSSÉG
SOKFÉLESÉG
ROVAROK
DZSUNGEL
EMLŐSÖK

MOHA
TERMÉSZET
MEGŐRZÉS
MENEDÉK
TISZTELET
HELYREÁLLÍTÁS
FAJ
TÚLÉLÉS
ÉRTÉKES

84 - Technology

```
M  L  A  P  S  Z  Á  M  Í  T  Ó  G  É  P
B  K  I  J  E  L  Z  Ő  F  T  K  V  A  X
F  E  U  X  T  F  R  P  Á  L  A  Í  D  U
F  F  T  T  V  X  R  J  J  M  R  M  O
B  D  A  Ű  A  F  N  C  L  V  E  U  B  K
D  Ö  H  L  T  T  H  W  R  I  R  S  I  É
I  B  N  L  H  Í  Á  A  D  R  A  F  Z  P
G  Á  B  G  V  M  P  S  O  T  E  Ü  T  E
I  J  L  Z  É  J  W  U  K  U  R  Z  O  R
T  T  O  F  W  S  R  E  S  Á  P  E  N  N
Á  E  G  Y  S  U  Z  W  N  L  H  N  S  Y
L  A  D  A  T  Y  T  Ő  V  I  L  E  Á  Ő
I  N  T  E  R  N  E  T  P  S  P  T  G  N
S  Z  O  F  T  V  E  R  F  I  Y  V  G  P
```

BLOG	BETŰTÍPUS
BÖNGÉSZŐ	INTERNET
BÁJT	ÜZENET
KAMERA	KUTATÁS
SZÁMÍTÓGÉP	KÉPERNYŐ
KURZOR	BIZTONSÁG
ADAT	SZOFTVER
DIGITÁLIS	VIRTUÁLIS
KIJELZŐ	VÍRUS
FÁJL	

85 - Landscapes

```
S  P  J  L  Z  T  N  S  O  J  G  H  G  R
I  J  É  T  P  Ó  A  S  F  O  L  Y  Ó  I
V  O  G  B  E  W  T  Y  N  Á  E  V  C  F
A  W  H  T  U  N  D  R  A  Z  C  B  E  É
T  N  E  B  A  A  G  M  O  I  C  J  Á  L
A  C  G  A  P  E  V  E  C  S  S  D  N  S
G  W  Y  M  O  C  S  Á  R  Z  E  U  I  Z
R  E  B  A  R  L  A  N  G  I  R  V  W  I
B  D  J  H  E  G  Y  J  H  G  W  W  G  G
N  D  O  Z  K  X  Y  G  V  E  L  J  T  E
I  Y  Y  M  Í  S  C  D  Ö  T  V  F  K  T
N  M  K  T  B  R  V  U  L  K  Á  N  W  V
S  T  R  A  N  D  D  J  G  W  W  T  R  N
V  Í  Z  E  S  É  S  Z  Y  Z  E  Z  X  R
```

STRAND	OÁZIS
BARLANG	ÓCEÁN
SIVATAG	FÉLSZIGET
GEJZÍR	FOLYÓ
GLECCSER	TENGER
DOMB	MOCSÁR
JÉGHEGY	TUNDRA
SZIGET	VÖLGY
TÓ	VULKÁN
HEGY	VÍZESÉS

86 - Visual Arts

```
F I M C P B B J Z V F P É K
O I S E C O M H Y I E E P R
Z L S R S R P T A S R Í E
O H G U A T J T B S T S T A
F A S Z É N E H R Z Ő P É T
O P P A E E Z R T É Á E S I
K E R Á M I A A M Z L K Z V
F F E S T M É N Y Ű L T E I
I É T O L L G M S B V Í T T
L O N O L Z G Ű Z Z Á V K Á
M A G Y A G D V O N N A R S
T K E N K G C É B N Y M É M
W Z U V W É E S O B M E T N
Z D H J W M P Z R I O H A P
```

ÉPÍTÉSZET	MESTERMŰ
MŰVÉSZ	FESTMÉNY
KERÁMIA	TOLL
KRÉTA	CERUZA
FASZÉN	PERSPEKTÍVA
AGYAG	FÉNYKÉP
KREATIVITÁS	PORTRÉ
FESTŐÁLLVÁNY	SZOBOR
FILM	VIASZ

87 - Plants

```
R  I  J  N  Ö  V  É  N  Y  Z  E  T  X  L
S  Z  I  R  O  M  I  P  S  W  J  B  C  O
A  C  O  P  Y  T  N  R  Z  K  N  M  S  M
G  Y  Ö  K  É  R  Ö  H  Á  L  V  S  G  B
B  O  K  O  R  B  V  Y  R  G  L  J  D  O
O  B  E  V  M  O  É  K  F  L  Y  O  F  Z
G  O  D  T  R  T  N  V  A  P  P  M  Ű  A
Y  R  E  R  B  A  Y  E  I  K  K  E  R  T
Ó  O  V  Á  A  N  V  E  Z  D  T  P  U  E
C  S  M  G  M  I  I  K  R  L  R  U  I  S
P  T  O  Y  B  K  L  N  I  D  J  O  S  G
B  Y  H  A  U  A  Á  U  O  A  Ő  K  X  Z
A  Á  A  Z  S  L  G  R  C  T  D  W  X  C
B  N  H  L  Z  K  D  R  G  D  O  A  X  L
```

BAMBUSZ	ERDŐ
BAB	KERT
BOGYÓ	FŰ
BOTANIKA	BOROSTYÁN
BOKOR	MOHA
KAKTUSZ	SZIROM
TRÁGYA	GYÖKÉR
NÖVÉNYVILÁG	SZÁR
VIRÁG	FA
LOMBOZAT	NÖVÉNYZET

88 - Countries #2

```
G S Z O M Á L I A O J L E N
Z Z S U U P B A M R A I T I
N Í N Z M G A L E O M B I G
X R B M U B L I X S A É Ó É
J I N N G D B B I Z I R P R
L A E K R Á Á A K O C I I I
A J P W H N N N Ó R A A A A
O J Á Á F I I O M S T M C D
S R L X N A N N Z H D X D
Z B P A K I S Z T Á N I E H
U K R A J N A X U G A N D A
G Ö R Ö G O R S Z Á G N X I
R O G C G F M B G W M C G T
L B E Z M A X P O I K M E I
```

ALBÁNIA	MEXIKÓ
DÁNIA	NEPÁL
ETIÓPIA	NIGÉRIA
GÖRÖGORSZÁG	PAKISZTÁN
HAITI	OROSZORSZÁG
JAMAICA	SZOMÁLIA
JAPÁN	SZUDÁN
LAOSZ	SZÍRIA
LIBANON	UGANDA
LIBÉRIA	UKRAJNA

89 - Ecology

```
G  F  O  R  R  Á  S  O  K  F  E  W  N  M
L  T  B  F  U  I  N  R  W  A  X  C  Ö  O
O  É  G  H  A  J  L  A  T  U  A  V  V  C
B  K  N  Z  H  J  Y  É  V  N  W  F  É  S
Á  Ö  Ö  P  E  D  N  T  L  A  O  B  N  Á
L  Z  V  R  G  D  N  Ú  R  Ő  Y  R  Y  R
I  Ö  É  N  Y  G  P  L  B  S  H  N  E  P
S  S  N  T  E  Y  Y  É  Z  L  T  E  K  C
L  S  Y  U  K  O  G  L  D  P  U  A  L  W
E  É  Z  T  E  R  M  É  S  Z  E  T  G  Y
H  G  E  G  K  Z  A  S  Z  Á  L  Y  T  J
W  E  T  E  N  G  E  R  I  X  T  B  H  N
L  K  F  E  N  N  T  A  R  T  H  A  T  Ó
T  E  R  M  É  S  Z  E  T  E  S  F  P  F
```

ÉGHAJLAT	TERMÉSZETES
KÖZÖSSÉGEK	TERMÉSZET
ASZÁLY	NÖVÉNYEK
FAUNA	FORRÁSOK
GLOBÁLIS	FAJ
ÉLŐHELY	TÚLÉLÉS
TENGERI	FENNTARTHATÓ
MOCSÁR	NÖVÉNYZET
HEGYEK	

90 - Adjectives #2

```
B  Z  K  V  P  S  G  H  I  T  E  L  E  S
Ü  É  R  D  E  K  E  S  K  H  X  O  G  E
S  T  E  R  Ő  S  Z  Á  R  A  Z  H  É  L
Z  E  A  K  U  K  C  J  O  T  M  J  S  E
K  R  T  E  H  E  T  S  É  G  E  S  Z  Í
E  M  Í  L  F  V  D  Y  H  V  C  N  S  R
I  E  V  E  O  F  E  L  E  L  Ő  S  É  Ó
R  L  A  G  R  P  I  B  S  I  M  H  G  N
J  Ő  D  Á  R  K  Ú  D  M  Á  D  I  E  T
J  P  R  N  Ó  B  J  J  Z  A  L  J  S  C
U  L  E  S  C  O  F  S  L  K  J  M  K  C
S  M  Y  Y  B  S  X  U  C  X  L  Z  O  G
E  Ó  T  E  R  M  É  S  Z  E  T  E  S  S
V  B  S  H  Í  R  E  S  L  D  R  U  X  L
```

HITELES	ÉRDEKES
KREATÍV	TERMÉSZETES
LEÍRÓ	ÚJ
SZÁRAZ	TERMELŐ
ELEGÁNS	BÜSZKE
HÍRES	FELELŐS
TEHETSÉGES	SÓS
EGÉSZSÉGES	ÁLMOS
FORRÓ	ERŐS
ÉHES	VAD

91 - Math

```
E  M  E  R  Ő  L  E  G  E  S  S  E  I  T
G  E  O  M  E  T  R  I  A  T  J  B  S  Ö
Y  N  T  S  Z  I  M  M  E  T  R  I  A  R
E  É  B  É  Z  P  O  L  I  G  O  N  E  E
N  G  O  O  G  Ö  S  S  Z  E  G  L  T  D
L  Y  X  S  Y  L  G  L  I  R  A  O  P  É
E  Z  F  O  O  S  A  E  S  Z  Á  M  O  K
T  E  S  O  J  U  Z  L  K  I  T  E  V  Ő
T  T  Z  Y  K  G  C  W  A  G  M  I  R  H
F  R  Á  W  F  Á  F  Z  L  P  É  X  C  F
V  K  M  K  E  R  Ü  L  E  T  R  P  L  Y
P  R  T  B  Y  T  X  U  M  L  Ő  M  K  D
E  Y  A  P  Á  R  H  U  Z  A  M  O  S  E
I  M  N  Y  P  V  D  T  I  Z  E  D  E  S
```

SZÖGEK	PÁRHUZAMOS
SZÁMTAN	KERÜLET
TIZEDES	MERŐLEGES
FOK	POLIGON
ÁTMÉRŐ	SUGÁR
EGYENLET	TÉGLALAP
KITEVŐ	NÉGYZET
TÖREDÉK	ÖSSZEG
GEOMETRIA	SZIMMETRIA
SZÁMOK	

92 - Water

```
G  X  A  N  R  C  X  K  M  I  P  N  H  G
Z  E  R  Z  Z  N  I  W  O  Z  Á  E  U  J
M  U  J  H  Ó  C  E  Á  N  E  R  D  L  É
O  T  H  Z  T  O  T  K  S  J  A  V  L  G
G  P  G  A  Í  N  R  S  Z  P  T  E  Á  F
V  S  W  K  N  R  E  B  U  Á  A  S  M  O
D  V  F  A  G  Y  S  I  N  D  R  N  O  L
E  I  D  X  C  M  Ő  A  P  Ö  T  V  K  Y
H  U  R  R  I  K  Á  N  K  N  A  G  Í  Ó
P  Á  R  O  L  G  Á  S  U  T  L  A  S  Z
Y  A  E  O  G  C  G  Ő  Z  Ö  O  B  Y  F
C  S  A  T  O  R  N  A  N  Z  M  N  I  U
R  B  O  Ó  C  W  G  Y  F  É  J  H  M  O
J  T  B  B  N  E  D  V  E  S  S  É  G  G
```

CSATORNA	TÓ
NEDVES	NEDVESSÉG
PÁROLGÁS	MONSZUN
ÁRVÍZ	ÓCEÁN
FAGY	ESŐ
GEJZÍR	FOLYÓ
PÁRATARTALOM	ZUHANY
HURRIKÁN	HÓ
JÉG	GŐZ
ÖNTÖZÉS	HULLÁMOK

93 - Activities

```
K  T  N  K  É  Z  M  Ű  V  E  S  S  É  G
E  W  P  U  G  C  U  D  H  N  E  O  R  H
R  T  Á  N  C  F  D  V  A  R  R  Á  S  B
T  F  Ú  Z  C  W  L  O  L  V  A  S  Á  S
É  S  É  R  C  S  R  X  Á  P  K  K  V  M
S  Y  Z  N  Á  R  X  Z  S  I  E  É  A  Ű
Z  N  G  A  Y  Z  S  A  Z  F  R  S  D  V
K  V  N  W  B  K  Á  D  A  Ö  Á  Z  Á  É
E  U  F  W  V  A  É  S  T  R  M  S  S  S
D  M  Á  G  I  A  D  P  E  Ö  I  É  Z  Z
É  R  D  E  K  E  K  I  E  M  A  G  A  E
S  K  E  M  P  I  N  G  D  Z  A  N  T  T
J  Á  T  É  K  O  K  S  E  Ő  É  D  A  O
J  J  G  T  E  V  É  K  E  N  Y  S  É  G
```

TEVÉKENYSÉG	VADÁSZAT
MŰVÉSZET	ÉRDEKEK
KEMPING	SZABADIDŐ
KERÁMIA	MÁGIA
KÉZMŰVESSÉG	FÉNYKÉPEZÉS
TÁNC	ÖRÖM
HALÁSZAT	OLVASÁS
JÁTÉKOK	VARRÁS
KERTÉSZKEDÉS	KÉSZSÉG
TÚRÁZÁS	

94 - Literature

```
K O W C C B E A D A V P É D
Ö M L X E X U N X N É Á L K
L B C I B C M A E E L R E X
T R T E S Y M L F K E B T V
Ő Y H S Z M I Ó P D M E R P
I H C K G B B G O O É S A J
E L E M Z É S I V T N Z J S
V N M I K T K A E A Y É Z Z
F P R E G É N Y R X H D V E
R B W Z Z M T D S F F M H R
Í I D P N A T S T Í L U S Z
M E T A F O R A Y W N O K Ő
R I T M U S N A R R Á T O R
L E Í R Á S F I K C I Ó L G
```

ANALÓGIA	NARRÁTOR
ELEMZÉS	REGÉNY
ANEKDOTA	VÉLEMÉNY
SZERZŐ	VERS
ÉLETRAJZ	KÖLTŐI
LEÍRÁS	RÍM
PÁRBESZÉD	RITMUS
FIKCIÓ	STÍLUS
METAFORA	TÉMA

95 - Geography

```
N  L  S  M  A  G  A  S  S  Á  G  C  Ó  M
N  N  Z  Z  D  D  B  D  Z  M  M  F  C  W
W  E  I  P  É  T  É  R  K  É  P  É  E  W
A  N  G  N  L  L  V  I  D  É  K  L  Á  Z
D  E  E  N  Z  T  E  R  Ü  L  E  T  N  I
V  T  T  V  Á  R  O  S  M  N  X  E  Y  S
H  E  G  Y  M  Y  R  W  S  Y  H  K  U  T
R  H  J  S  E  K  S  B  P  É  T  E  G  E
J  I  F  F  R  X  Z  F  M  S  G  A  A  N
U  V  J  V  I  L  Á  G  V  Z  I  T  T  G
H  P  D  D  D  V  G  D  A  A  H  L  H  E
K  O  N  T  I  N  E  N  S  K  E  A  V  R
T  O  I  U  Á  M  B  U  E  O  P  S  T  R
K  Z  S  E  N  F  O  L  Y  Ó  R  Z  F  T
```

MAGASSÁG	HEGY
ATLASZ	ÉSZAK
VÁROS	ÓCEÁN
KONTINENS	VIDÉK
ORSZÁG	FOLYÓ
FÉLTEKE	TENGER
SZIGET	DÉL
SZÉLESSÉG	TERÜLET
TÉRKÉP	NYUGAT
MERIDIÁN	VILÁG

96 - Vacation #1

```
J  W  V  P  Y  T  U  R  I  S  T  A  M  Ú
U  N  A  H  O  K  J  E  G  Y  D  U  E  T
H  A  L  G  J  I  L  P  Z  E  B  T  N  V
E  Á  U  S  R  K  K  Ü  A  O  I  Ó  N  O
X  E  T  V  P  A  Z  L  D  G  Y  N  I  N
P  I  A  I  J  P  B  Ő  R  Ö  N  D  R  A
E  N  D  L  Z  C  Z  G  M  E  N  D  J  L
D  D  C  L  N  S  Z  É  Z  Ú  D  E  I  M
Í  U  S  A  B  O  Á  P  R  R  Z  S  K  W
C  L  S  M  G  L  L  K  E  A  S  E  U  W
I  Á  J  O  V  Ó  Ú  S  Z  N  I  R  U  F
Ó  S  I  S  V  D  Z  E  T  T  Ó  N  Z  M
K  C  P  S  Á  Á  K  L  G  H  W  Y  W  T
O  V  J  M  M  S  F  E  Y  R  N  Ő  V  A
```

REPÜLŐGÉP	MÚZEUM
HÁTIZSÁK	KIKAPCSOLÓDÁS
AUTÓ	BŐRÖND
VALUTA	JEGY
VÁM	MENNI
INDULÁS	ÚSZNI
EXPEDÍCIÓ	TURISTA
ÚTVONAL	VILLAMOS
TÓ	ESERNYŐ

97 - Pets

```
É  H  L  T  B  H  N  F  O  E  X  F  F  Á
A  L  Ö  L  O  Z  M  A  N  C  S  O  K  L
Y  A  E  R  P  S  S  R  Y  I  P  K  I  L
T  M  O  L  C  O  V  O  Ú  C  A  E  S  A
E  G  É  R  M  S  G  K  L  A  P  C  K  T
H  Y  G  M  F  I  Ö  H  A  L  A  S  U  O
É  Í  A  F  A  K  S  G  J  F  G  K  T  R
N  K  L  V  U  C  V  Z  K  P  Á  E  Y  V
L  U  L  Í  X  X  S  V  E  Ó  J  R  A  O
C  T  É  Z  V  B  R  K  X  R  V  I  H  S
W  Y  R  V  V  W  D  N  A  Á  J  G  N  A
U  A  T  E  K  N  Ő  S  U  Z  Z  D  G  H
P  V  X  O  M  T  D  H  V  E  D  K  I  U
D  L  J  L  U  D  E  J  E  O  I  F  R  R
```

MACSKA	GYÍK
GALLÉR	EGÉR
TEHÉN	PAPAGÁJ
KUTYA	MANCSOK
HAL	KISKUTYA
ÉLELMISZER	NYÚL
KECSKE	FAROK
HÖRCSÖG	TEKNŐS
CICA	ÁLLATORVOS
PÓRÁZ	VÍZ

98 - Nature

```
O  Y  C  O  N  F  F  D  A  O  D  S  E  S
S  W  I  J  W  O  E  K  G  K  Z  A  R  Z
V  A  D  P  Á  L  L  A  T  O  K  R  D  É
U  H  P  K  F  Y  H  L  G  H  K  K  Ő  P
I  K  U  G  T  Ó  Ő  T  H  O  U  V  X  S
D  I  N  A  M  I  K  U  S  U  A  I  D  É
T  R  Ó  P  U  S  I  U  S  E  S  D  E  G
G  L  E  C  C  S  E  R  A  S  I  É  R  U
S  Z  E  N  T  É  L  Y  A  Z  V  K  Ű  G
E  R  Ó  Z  I  Ó  B  N  S  I  A  I  S  J
G  T  W  I  P  M  É  H  E  K  T  K  P  E
O  E  U  K  M  G  K  H  P  L  A  L  Ö  P
J  M  I  P  Y  L  É  F  W  Á  G  P  G  D
L  X  N  T  R  U  S  O  B  K  U  G  C  H
```

ÁLLATOK	KÖD
SARKVIDÉKI	ERDŐ
SZÉPSÉG	GLECCSER
MÉHEK	BÉKÉS
SZIKLÁK	FOLYÓ
FELHŐK	SZENTÉLY
SIVATAG	DERŰS
DINAMIKUS	TRÓPUSI
ERÓZIÓ	VAD

99 - Championship

```
D  A  D  I  O  K  G  Y  Ő  Z  E  L  E  M
U  Y  S  W  P  I  T  O  R  N  A  M  É  I
A  L  C  M  O  T  I  V  Á  C  I  Ó  R  Z
C  I  E  B  V  A  D  J  Y  B  L  H  E  Z
M  G  D  Í  Z  R  R  Ö  Á  W  G  L  M  A
S  A  Z  R  P  T  F  U  N  T  D  T  A  D
P  T  Ő  Ó  I  Á  T  N  K  T  É  O  T  Á
O  O  R  R  D  S  Y  X  Y  X  Ő  K  K  S
R  F  B  A  J  N  O  K  S  Á  G  S  O  W
T  I  A  C  T  V  Y  V  W  N  C  G  A  K
A  O  J  P  L  É  L  E  G  E  Z  N  I  E
M  R  N  X  F  U  G  A  P  R  P  N  V  N
B  V  O  H  S  E  K  I  C  S  A  P  A  T
B  I  K  I  G  J  D  I  A  R  B  H  B  Y
```

BAJNOK	MOTIVÁCIÓ
BAJNOKSÁG	IZZADÁS
EDZŐ	SPORT
KITARTÁS	STRATÉGIA
DÖNTŐS	CSAPAT
JÁTÉKOK	LÉLEGEZNI
BÍRÓ	TORNA
LIGA	GYŐZELEM
ÉREM	

100 - Vacation #2

```
H  V  N  A  S  A  D  B  C  E  V  D  C  O
E  Í  Y  Ú  T  L  E  V  É  L  O  G  N  M
G  Z  Z  B  R  K  E  M  P  I  N  G  J  W
Y  U  X  P  A  G  N  Y  A  R  A  L  Á  S
E  M  N  B  N  R  D  V  F  E  T  S  S  F
K  D  K  F  D  J  B  G  P  P  A  Z  Z  O
U  T  A  Z  Á  S  I  G  T  Ü  X  A  Á  G
S  Á  T  O  R  U  D  W  E  L  I  B  L  L
X  X  F  W  R  L  U  G  N  Ő  J  A  L  A
É  T  T  E  R  E  M  E  G  T  X  D  Í  L
K  Ü  L  F  Ö  L  D  I  E  É  Z  I  T  Á
S  Z  Á  L  L  O  D  A  R  R  O  D  Á  S
T  É  R  K  É  P  N  J  C  W  L  Ő  S  O
S  Z  I  G  E  T  T  T  J  O  S  L  O  K
```

REPÜLŐTÉR	HEGYEK
STRAND	ÚTLEVÉL
KEMPING	FOGLALÁSOK
KÜLFÖLDI	ÉTTEREM
NYARALÁS	TENGER
SZÁLLODA	TAXI
SZIGET	SÁTOR
UTAZÁS	VONAT
SZABADIDŐ	SZÁLLÍTÁS
TÉRKÉP	VÍZUM

1 - Food #1

2 - Castles

3 - Exploration

4 - Measurements

5 - Farm #2

6 - Books

7 - Meditation

8 - Days and Months

9 - Chess

10 - Food #2

11 - Family

12 - Farm #1

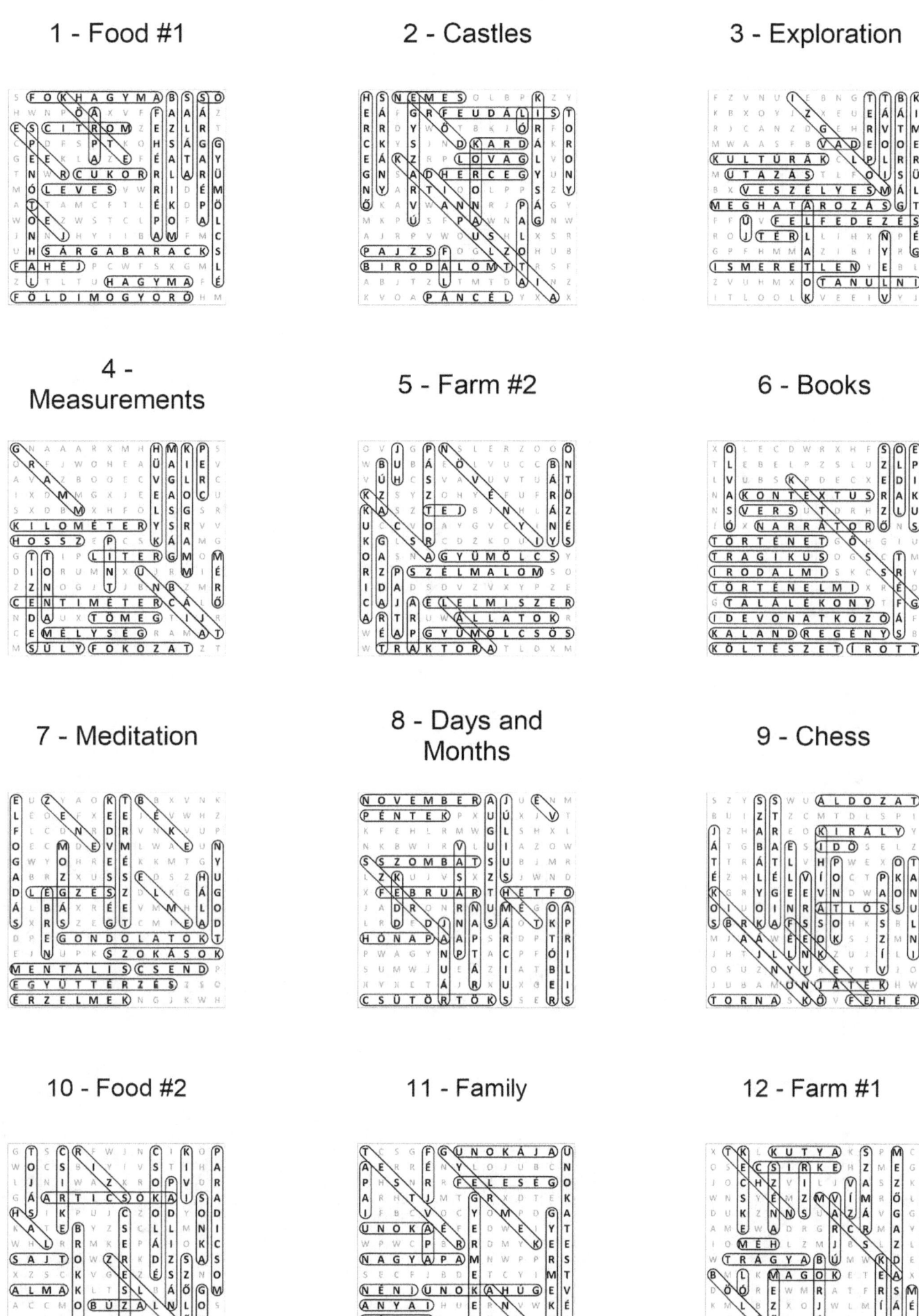

13 - Camping

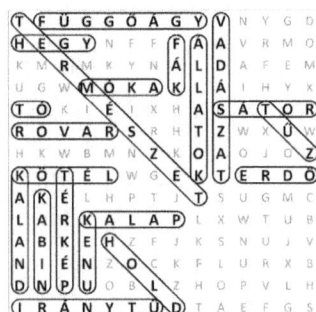

14 - Conservation

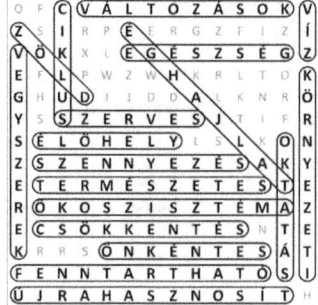

15 - Cats

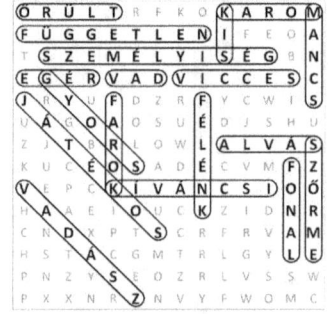

16 - Numbers

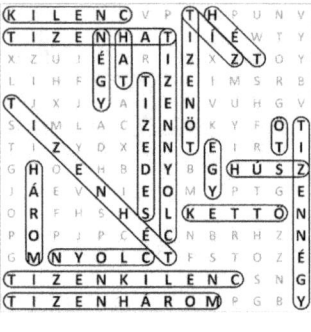

17 - Spices

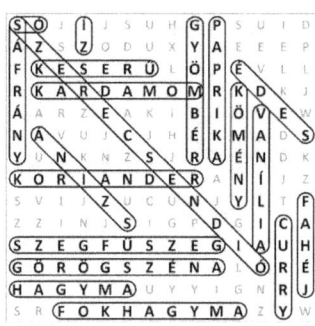

18 - Mammals

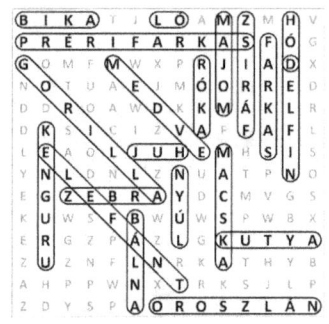

19 - Fishing

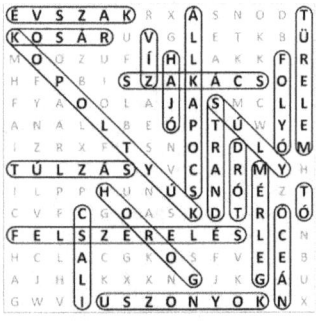

20 - Restaurant #1

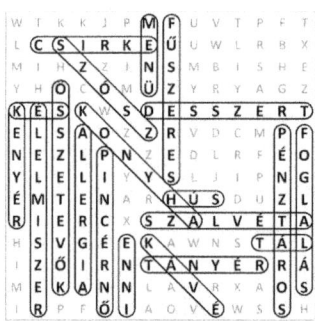

21 - Bees

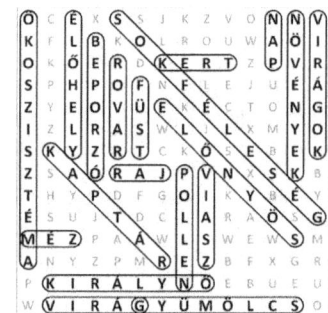

22 - Sports

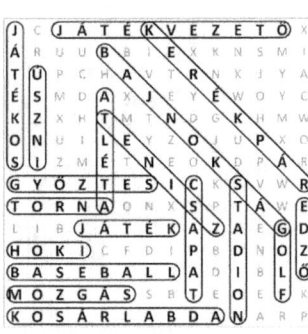

23 - Weather

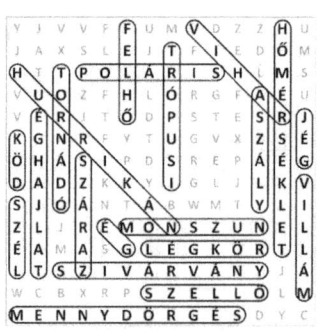

24 - Adventure

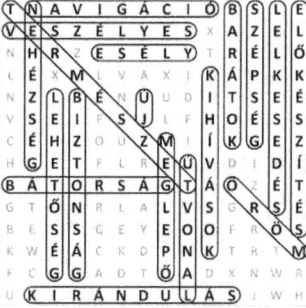

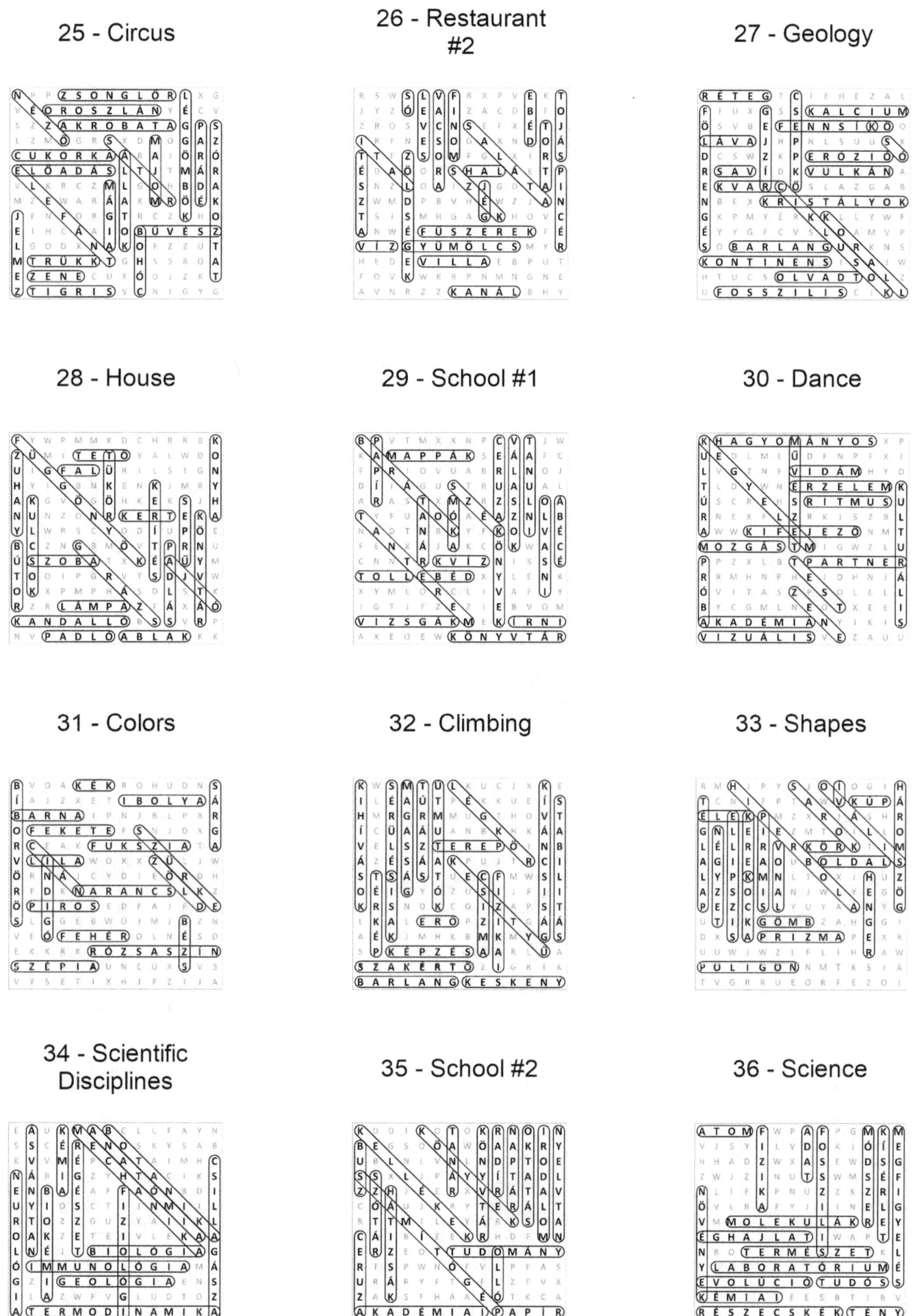

25 - Circus

26 - Restaurant #2

27 - Geology

28 - House

29 - School #1

30 - Dance

31 - Colors

32 - Climbing

33 - Shapes

34 - Scientific Disciplines

35 - School #2

36 - Science

37 - To Fill

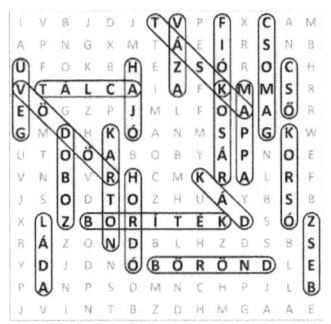

38 - Summer

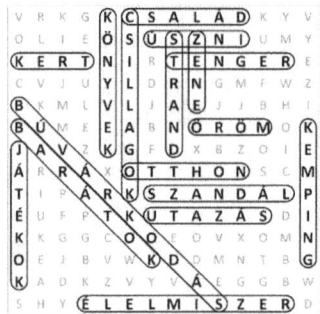

39 - Clothes

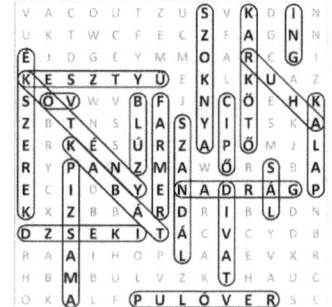

40 - Insects

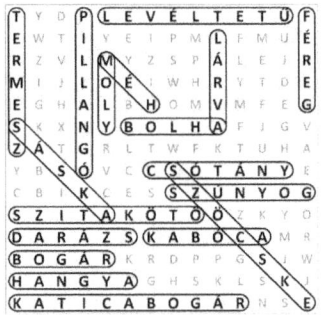

41 - Astronomy

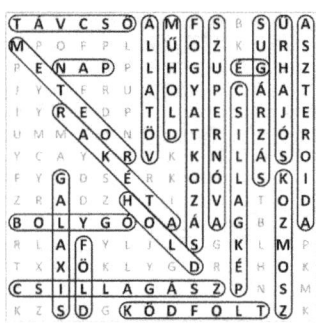

42 - Pirates

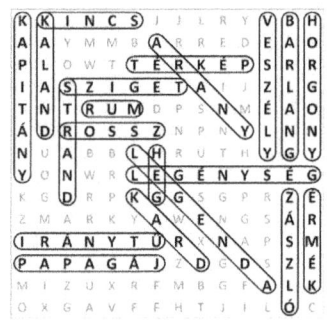

43 - Time

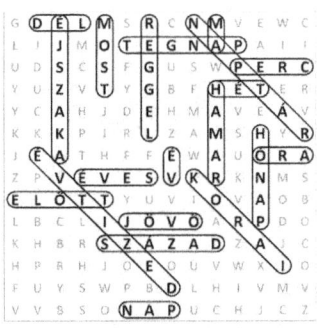

44 - Buildings

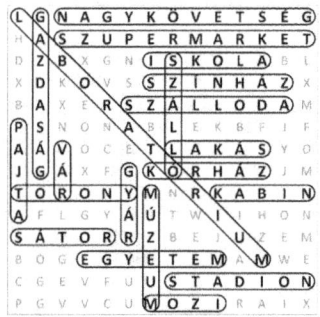

45 - Herbalism

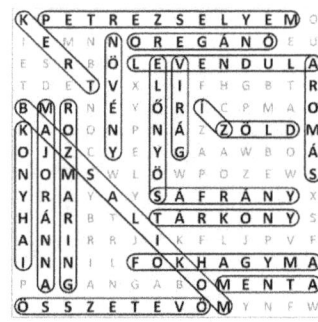

46 - Toys

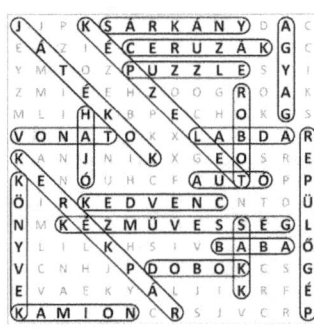

47 - Vehicles

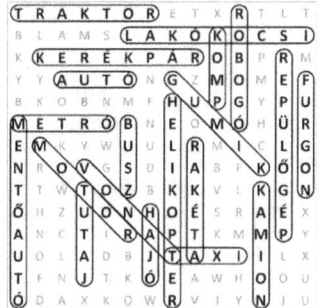

48 - Flowers

49 - Town

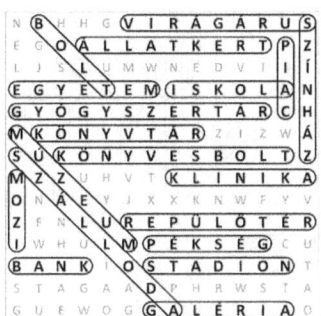

50 - Antarctica

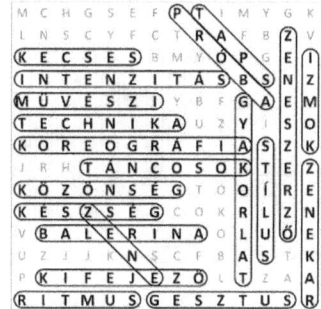

51 - Ballet

52 - Human Body

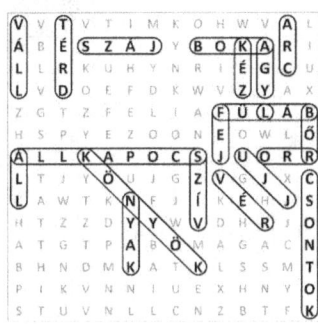

53 - Musical Instruments

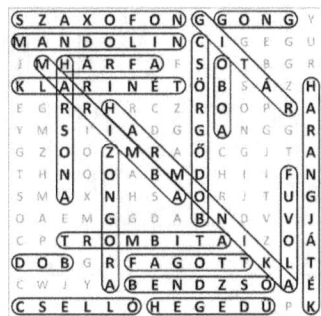

54 - Fruit

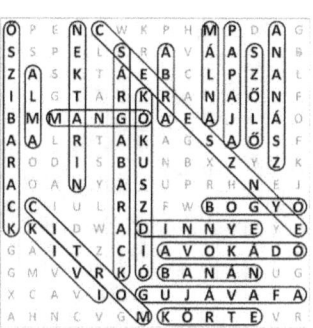

55 - Virtues #1

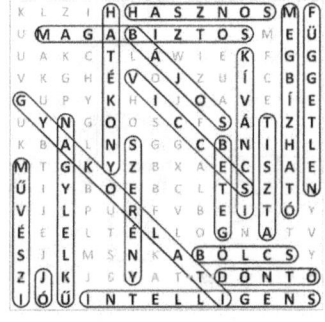

56 - Kitchen

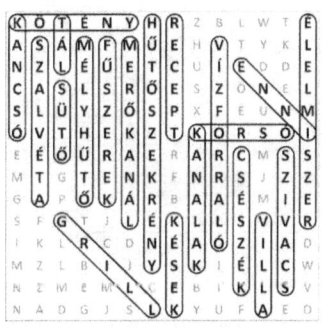

57 - Art Supplies

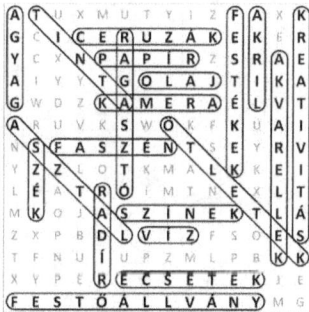

58 - Science Fiction

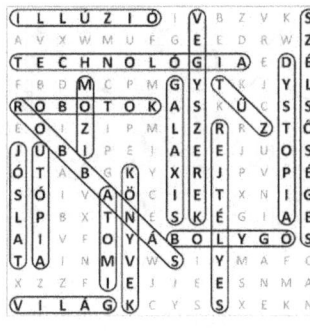

59 - Airplanes

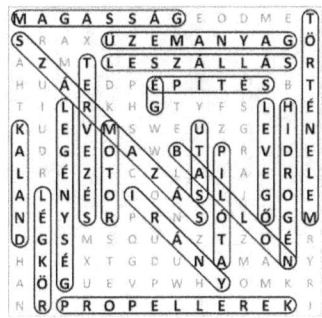

60 - Ocean

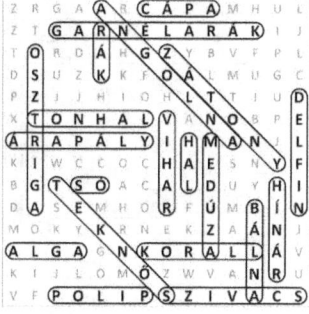

61 - Birds

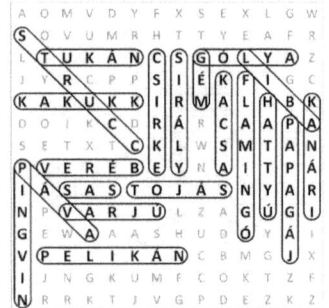

62 - Art

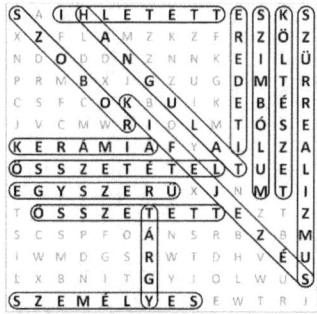

63 - Nutrition

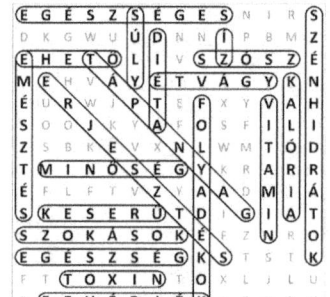

64 - Hiking

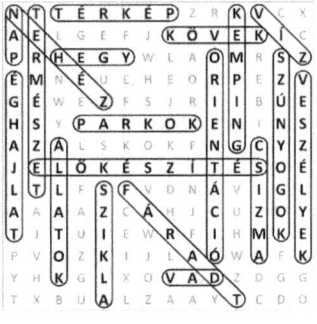

65 - Professions #1

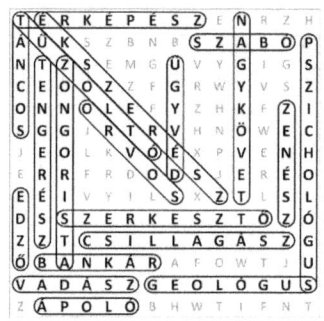

66 - Dinosaurs

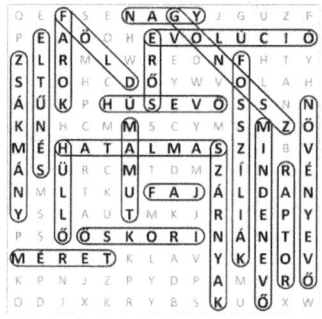

67 - Barbecues

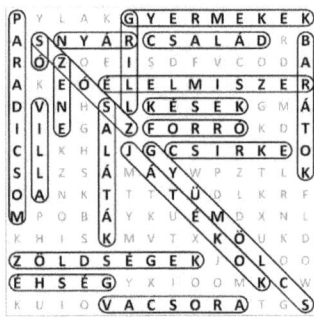

68 - Surfing

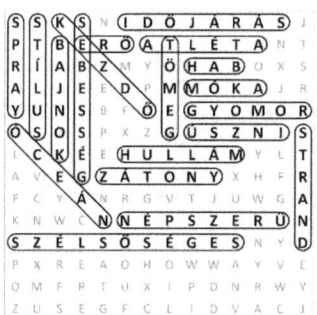

69 - Chocolate

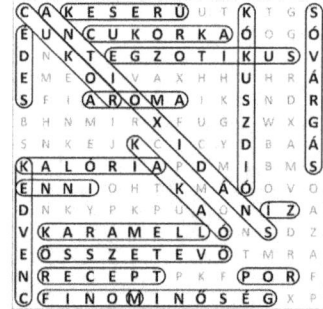

70 - Vegetables

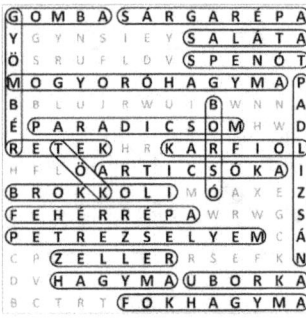

71 - Boats

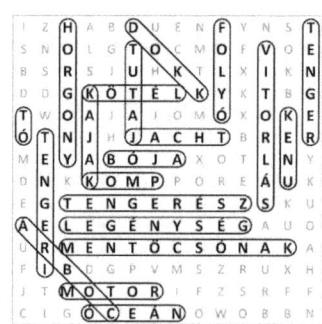

72 - Activities and Leisure

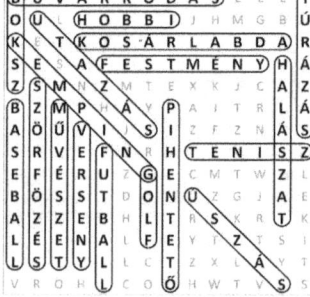

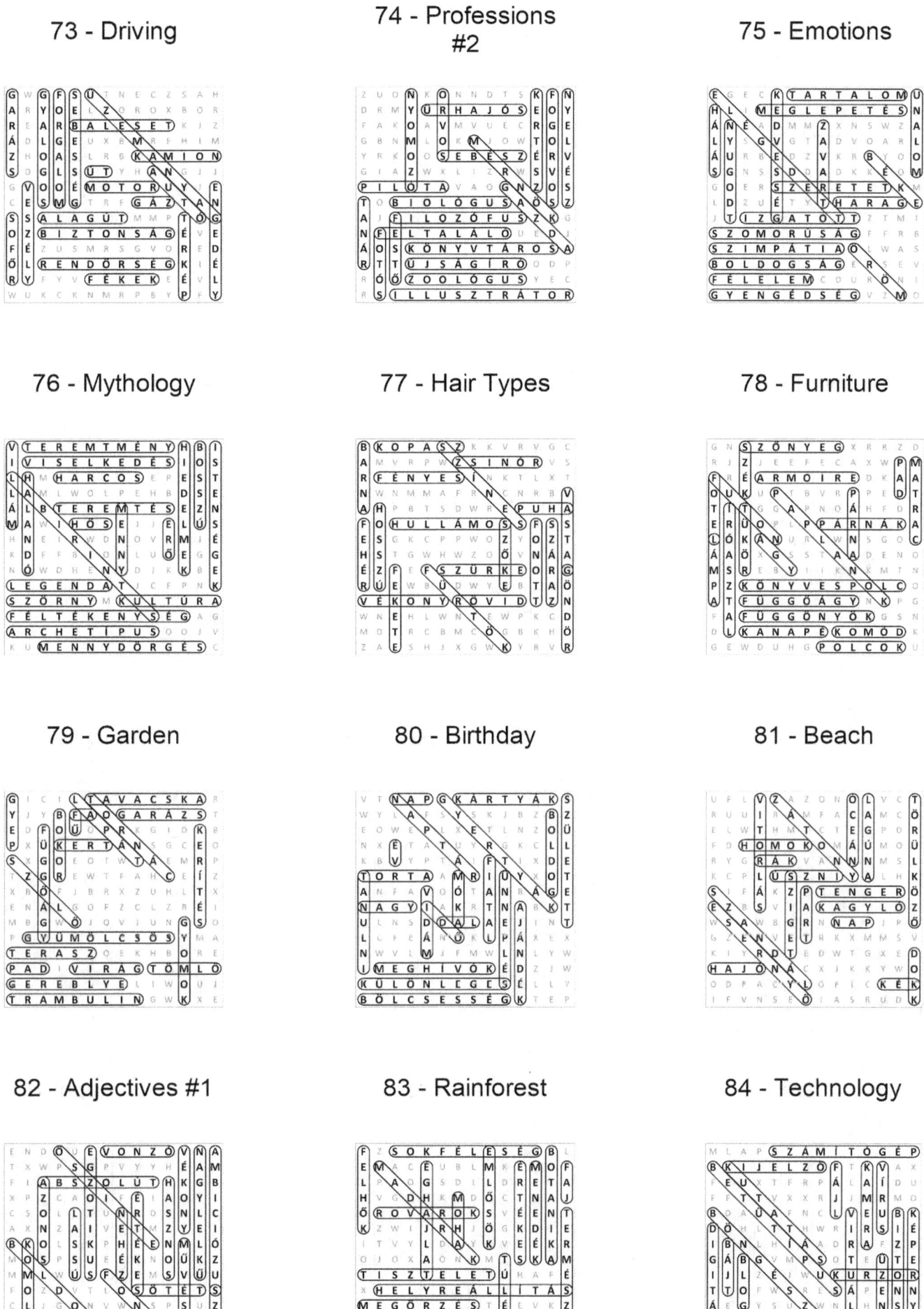

73 - Driving

74 - Professions #2

75 - Emotions

76 - Mythology

77 - Hair Types

78 - Furniture

79 - Garden

80 - Birthday

81 - Beach

82 - Adjectives #1

83 - Rainforest

84 - Technology

85 - Landscapes

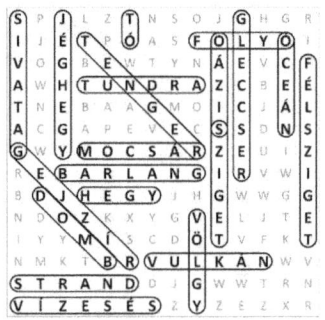

86 - Visual Arts

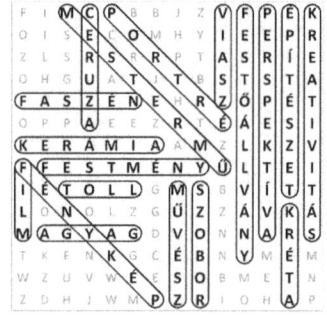

87 - Plants

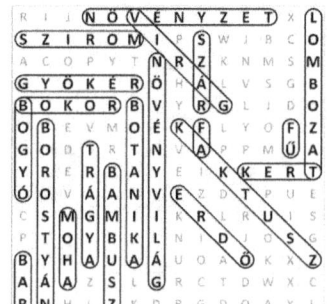

88 - Countries #2

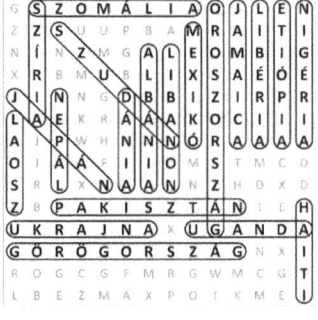

89 - Ecology

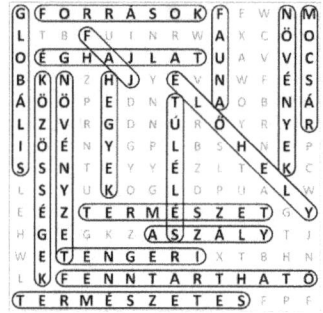

90 - Adjectives #2

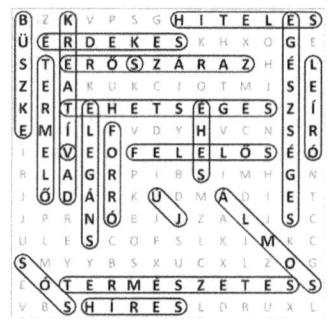

91 - Math

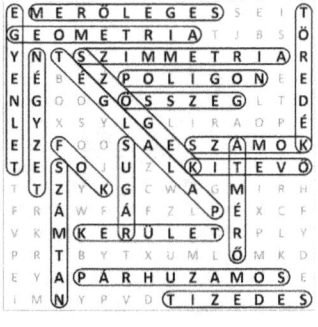

92 - Water

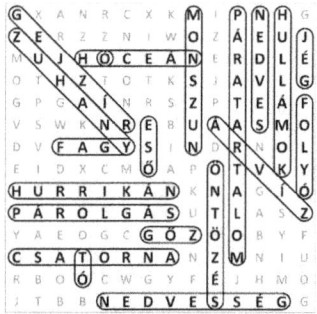

93 - Activities

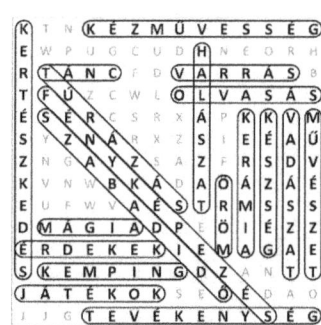

94 - Literature

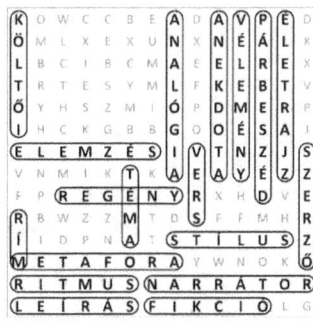

95 - Geography

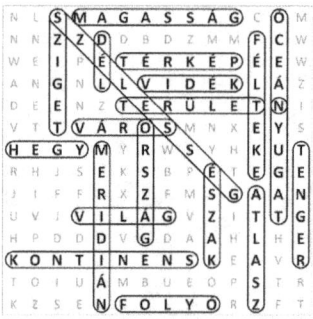

96 - Vacation #1

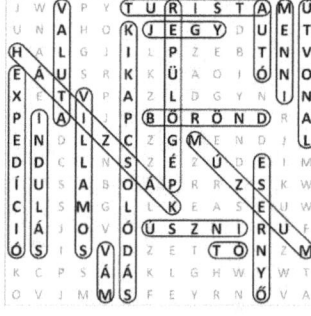

97 - Pets

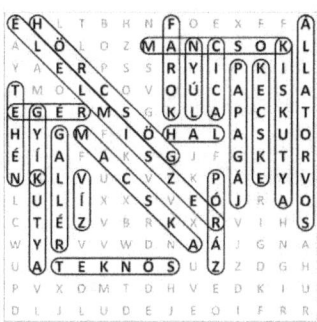

98 - Nature

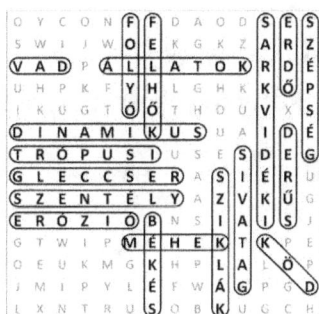

99 - Championship

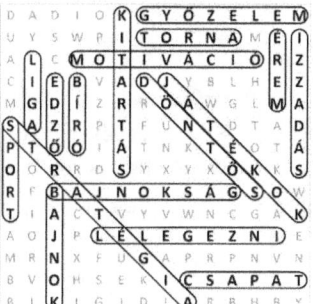

100 - Vacation #2

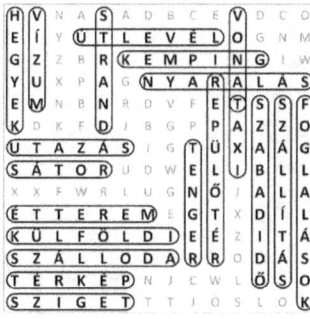

Dictionary

Activities
Tevékenységek

Activity	Tevékenység
Art	Művészet
Camping	Kemping
Ceramics	Kerámia
Crafts	Kézművesség
Dancing	Tánc
Fishing	Halászat
Games	Játékok
Gardening	Kertészkedés
Hiking	Túrázás
Hunting	Vadászat
Interests	Érdekek
Leisure	Szabadidő
Magic	Mágia
Photography	Fényképezés
Pleasure	Öröm
Reading	Olvasás
Relaxation	Kikapcsolódás
Sewing	Varrás
Skill	Készség

Activities and Leisure
Tevékenységek és Szabadi

Art	Művészet
Baseball	Baseball
Basketball	Kosárlabda
Boxing	Boksz
Camping	Kemping
Diving	Búvárkodás
Fishing	Halászat
Gardening	Kertészkedés
Golf	Golf
Hiking	Túrázás
Hobbies	Hobbi
Painting	Festmény
Racing	Verseny
Relaxing	Pihentető
Soccer	Futball
Surfing	Szörfözés
Swimming	Úszás
Tennis	Tenisz
Travel	Utazás
Volleyball	Röplabda

Adjectives #1
Melléknevek #1

Absolute	Abszolút
Ambitious	Ambiciózus
Aromatic	Aromás
Artistic	Művészi
Attractive	Vonzó
Beautiful	Szép
Dark	Sötét
Exotic	Egzotikus
Generous	Nagylelkű
Happy	Boldog
Heavy	Nehéz
Helpful	Hasznos
Honest	Őszinte
Identical	Azonos
Important	Fontos
Modern	Modern
Serious	Komoly
Slow	Lassú
Thin	Vékony
Valuable	Értékes

Adjectives #2
Melléknevek #2

Authentic	Hiteles
Creative	Kreatív
Descriptive	Leíró
Dry	Száraz
Elegant	Elegáns
Famous	Híres
Gifted	Tehetséges
Healthy	Egészséges
Hot	Forró
Hungry	Éhes
Interesting	Érdekes
Natural	Természetes
New	Új
Productive	Termelő
Proud	Büszke
Responsible	Felelős
Salty	Sós
Sleepy	Álmos
Strong	Erős
Wild	Vad

Adventure
Kaland

Activity	Tevékenység
Beauty	Szépség
Bravery	Bátorság
Challenges	Kihívások
Chance	Esély
Dangerous	Veszélyes
Difficulty	Nehézség
Enthusiasm	Lelkesedés
Excursion	Kirándulás
Friends	Barátok
Itinerary	Útvonal
Joy	Öröm
Nature	Természet
Navigation	Navigáció
New	Új
Opportunity	Lehetőség
Preparation	Előkészítés
Safety	Biztonság
Surprising	Meglepő
Unusual	Szokatlan

Airplanes
Repülőgépek

Adventure	Kaland
Air	Levegő
Atmosphere	Légkör
Balloon	Ballon
Construction	Építés
Crew	Legénység
Descent	Származás
Design	Tervezés
Direction	Irány
Engine	Motor
Fuel	Üzemanyag
Height	Magasság
History	Történelem
Hydrogen	Hidrogén
Landing	Leszállás
Passenger	Utas
Pilot	Pilóta
Propellers	Propellerek
Sky	Ég
Turbulence	Turbulencia

Antarctica
Antarktisz

Bay	Öböl
Birds	Madarak
Clouds	Felhők
Conservation	Megőrzés
Continent	Kontinens
Environment	Környezet
Expedition	Expedíció
Geography	Földrajz
Glaciers	Gleccserek
Ice	Jég
Islands	Szigetek
Migration	Migráció
Penguins	Pingvinek
Peninsula	Félsziget
Researcher	Kutató
Rocky	Sziklás
Scientific	Tudományos
Temperature	Hőmérséklet
Topography	Topográfia
Water	Víz

Art
Művészet

Ceramic	Kerámia
Complex	Összetett
Composition	Összetétel
Expression	Kifejezés
Honest	Őszinte
Inspired	Ihletett
Mood	Hangulat
Original	Eredeti
Paintings	Festmények
Personal	Személyes
Poetry	Költészet
Sculpture	Szobor
Simple	Egyszerű
Subject	Tárgy
Surrealism	Szürrealizmus
Symbol	Szimbólum
Visual	Vizuális

Art Supplies
Művészeti Kellékek

Acrylic	Akril
Brushes	Ecsetek
Camera	Kamera
Chair	Szék
Charcoal	Faszén
Clay	Agyag
Colors	Színek
Creativity	Kreativitás
Easel	Festőállvány
Eraser	Radír
Glue	Ragasztó
Ideas	Ötletek
Ink	Tinta
Oil	Olaj
Paints	Festékek
Paper	Papír
Pencils	Ceruzák
Table	Asztal
Water	Víz
Watercolors	Akvarellek

Astronomy
Csillagászat

Asteroid	Aszteroida
Astronaut	Űrhajós
Astronomer	Csillagász
Constellation	Csillagkép
Cosmos	Kozmosz
Earth	Föld
Eclipse	Fogyatkozás
Galaxy	Galaxis
Meteor	Meteor
Moon	Hold
Nebula	Ködfolt
Planet	Bolygó
Radiation	Sugárzás
Rocket	Rakéta
Satellite	Műhold
Sky	Ég
Solar	Nap
Supernova	Szupernóva
Telescope	Távcső
Zodiac	Állatöv

Ballet
Balett

Applause	Taps
Artistic	Művészi
Audience	Közönség
Ballerina	Balerina
Choreography	Koreográfia
Composer	Zeneszerző
Dancers	Táncosok
Expressive	Kifejező
Gesture	Gesztus
Graceful	Kecses
Intensity	Intenzitás
Muscles	Izmok
Music	Zene
Orchestra	Zenekar
Practice	Gyakorlat
Rehearsal	Próba
Rhythm	Ritmus
Skill	Készség
Style	Stílus
Technique	Technika

Barbecues
Grillezés

Chicken	Csirke
Children	Gyermekek
Dinner	Vacsora
Family	Család
Food	Élelmiszer
Forks	Villa
Friends	Barátok
Fruit	Gyümölcs
Games	Játékok
Grill	Grill
Hot	Forró
Hunger	Éhség
Knives	Kések
Music	Zene
Salads	Saláták
Salt	Só
Sauce	Szósz
Summer	Nyár
Tomatoes	Paradicsom
Vegetables	Zöldségek

Beach
Strand

Blue	Kék
Boat	Hajó
Coast	Part
Crab	Rák
Dock	Dokk
Island	Sziget
Lagoon	Lagúna
Ocean	Óceán
Reef	Zátony
Sailboat	Vitorlás
Sand	Homok
Sandals	Szandál
Sea	Tenger
Shells	Kagyló
Sun	Nap
To Swim	Úszni
Towel	Törülköző
Umbrella	Esernyő
Vacation	Nyaralás

Bees
Méhek

Beneficial	Előnyös
Blossom	Virág
Diversity	Sokféleség
Ecosystem	Ökoszisztéma
Flowers	Virágok
Food	Élelmiszer
Fruit	Gyümölcs
Garden	Kert
Habitat	Élőhely
Hive	Kaptár
Honey	Méz
Insect	Rovar
Plants	Növények
Pollen	Pollen
Pollinator	Beporzó
Queen	Királynő
Smoke	Füst
Sun	Nap
Swarm	Raj
Wax	Viasz

Birds
Madarak

Canary	Kanári
Chicken	Csirke
Crow	Varjú
Cuckoo	Kakukk
Duck	Kacsa
Eagle	Sas
Egg	Tojás
Flamingo	Flamingó
Goose	Liba
Gull	Sirály
Heron	Gém
Ostrich	Strucc
Parrot	Papagáj
Peacock	Páva
Pelican	Pelikán
Penguin	Pingvin
Sparrow	Veréb
Stork	Gólya
Swan	Hattyú
Toucan	Tukán

Birthday
Születésnap

Born	Született
Cake	Torta
Calendar	Naptár
Candles	Gyertyák
Cards	Kártyák
Celebration	Ünneplés
Day	Nap
Fun	Móka
Gift	Ajándék
Great	Nagy
Happy	Boldog
Invitations	Meghívók
Joyful	Vidám
Song	Dal
Special	Különleges
Time	Idő
To Learn	Tanulni
Wisdom	Bölcsesség
Year	Év
Young	Fiatal

Boats
Csónakok

Anchor	Horgony
Buoy	Bója
Canoe	Kenu
Crew	Legénység
Dock	Dokk
Engine	Motor
Ferry	Komp
Kayak	Kajak
Lake	Tó
Lifeboat	Mentőcsónak
Mast	Árboc
Nautical	Tengeri
Ocean	Óceán
Raft	Tutaj
River	Folyó
Rope	Kötél
Sailboat	Vitorlás
Sailor	Tengerész
Sea	Tenger
Yacht	Jacht

Books
Könyvek

Adventure	Kaland
Author	Szerző
Collection	Gyűjtemény
Context	Kontextus
Duality	Kettősség
Epic	Epikus
Historical	Történelmi
Humorous	Tréfás
Inventive	Találékony
Literary	Irodalmi
Narrator	Narrátor
Novel	Regény
Page	Oldal
Poem	Vers
Poetry	Költészet
Reader	Olvasó
Relevant	Ide Vonatkozó
Story	Történet
Tragic	Tragikus
Written	Írott

Buildings
Épületek

Apartment	Lakás
Barn	Pajta
Cabin	Kabin
Castle	Vár
Cinema	Mozi
Embassy	Nagykövetség
Factory	Gyár
Farm	Gazdaság
Hospital	Kórház
Hostel	Szálló
Hotel	Szálloda
Laboratory	Laboratórium
Museum	Múzeum
School	Iskola
Stadium	Stadion
Supermarket	Szupermarket
Tent	Sátor
Theater	Színház
Tower	Torony
University	Egyetem

Camping
Kemping

Adventure	Kaland
Animals	Állatok
Cabin	Kabin
Canoe	Kenu
Compass	Iránytű
Fire	Tűz
Forest	Erdő
Fun	Móka
Hammock	Függőágy
Hat	Kalap
Hunting	Vadászat
Insect	Rovar
Lake	Tó
Map	Térkép
Moon	Hold
Mountain	Hegy
Nature	Természet
Rope	Kötél
Tent	Sátor
Trees	Fák

Castles
Kastélyok

Armor	Páncél
Catapult	Katapult
Crown	Korona
Dragon	Sárkány
Dynasty	Dinasztia
Empire	Birodalom
Feudal	Feudális
Fortress	Erőd
Horse	Ló
Kingdom	Királyság
Knight	Lovag
Noble	Nemes
Palace	Palota
Prince	Herceg
Princess	Hercegnő
Shield	Pajzs
Sword	Kard
Tower	Torony
Unicorn	Egyszarvú
Wall	Fal

Cats
Macskák

Claw	Karom
Crazy	Őrült
Curious	Kíváncsi
Fast	Gyors
Funny	Vicces
Fur	Szőrme
Hunter	Vadász
Independent	Független
Little	Kis
Mouse	Egér
Paw	Mancs
Personality	Személyiség
Playful	Játékos
Shy	Félénk
Sleep	Alvás
Tail	Farok
Wild	Vad
Yarn	Fonal

Championship
Bajnokság

Champion	Bajnok
Championship	Bajnokság
Coach	Edző
Endurance	Kitartás
Finalist	Döntős
Games	Játékok
Judge	Bíró
League	Liga
Medal	Érem
Motivation	Motiváció
Performance	Teljesítmény
Perspiration	Izzadás
Sports	Sport
Strategy	Stratégia
Team	Csapat
To Breathe	Lélegezni
Tournament	Torna
Victory	Győzelem

Chess
Sakk

Black	Fekete
Challenges	Kihívások
Champion	Bajnok
Clever	Okos
Contest	Verseny
Diagonal	Átlós
Game	Játék
King	Király
Opponent	Ellenfél
Passive	Passzív
Player	Játékos
Points	Pontok
Queen	Királynő
Rules	Szabályok
Sacrifice	Áldozat
Strategy	Stratégia
Time	Idő
To Learn	Tanulni
Tournament	Torna
White	Fehér

Chocolate
Csokoládé

Antioxidant	Antioxidáns
Aroma	Aroma
Bitter	Keserű
Cacao	Kakaó
Calories	Kalória
Candy	Cukorka
Caramel	Karamell
Coconut	Kókuszdió
Craving	Sóvárgás
Delicious	Finom
Exotic	Egzotikus
Favorite	Kedvenc
Ingredient	Összetevő
Powder	Por
Quality	Minőség
Recipe	Recept
Sugar	Cukor
Sweet	Édes
Taste	Íz
To Eat	Enni

Circus
Cirkusz

Acrobat	Akrobata
Animals	Állatok
Balloons	Léggömbök
Candy	Cukorka
Clown	Bohóc
Costume	Jelmez
Elephant	Elefánt
Entertain	Szórakoztat
Juggler	Zsonglőr
Lion	Oroszlán
Magic	Mágia
Magician	Bűvész
Monkey	Majom
Music	Zene
Parade	Parádé
Show	Előadás
Spectator	Néző
Tent	Sátor
Tiger	Tigris
Trick	Trükk

Climbing
Hegymászás

Altitude	Magasság
Atmosphere	Légkör
Boots	Csizma
Cave	Barlang
Challenges	Kihívások
Curiosity	Kíváncsiság
Expert	Szakértő
Gloves	Kesztyű
Guides	Útmutatók
Helmet	Sisak
Hiking	Túrázás
Injury	Sérülés
Map	Térkép
Narrow	Keskeny
Physical	Fizikai
Stability	Stabilitás
Strength	Erő
Terrain	Terep
Training	Képzés

Clothes
Ruházat

Apron	Kötény
Belt	Öv
Blouse	Blúz
Bracelet	Karkötő
Coat	Kabát
Dress	Ruha
Fashion	Divat
Gloves	Kesztyű
Hat	Kalap
Jacket	Dzseki
Jeans	Farmer
Jewelry	Ékszerek
Pajamas	Pizsama
Pants	Nadrág
Sandals	Szandál
Scarf	Sál
Shirt	Ing
Shoe	Cipő
Skirt	Szoknya
Sweater	Pulóver

Colors
Színek

Beige	Bézs
Black	Fekete
Blue	Kék
Brown	Barna
Cyan	Cián
Fuchsia	Fukszia
Green	Zöld
Grey	Szürke
Indigo	Indigó
Magenta	Bíborvörös
Orange	Narancs
Pink	Rózsaszín
Purple	Lila
Red	Piros
Sepia	Szépia
Violet	Ibolya
White	Fehér
Yellow	Sárga

Conservation
Természetvédelmi

Changes	Változások
Chemicals	Vegyszerek
Climate	Éghajlat
Cycle	Ciklus
Ecosystem	Ökoszisztéma
Education	Oktatás
Environmental	Környezeti
Green	Zöld
Habitat	Élőhely
Health	Egészség
Natural	Természetes
Organic	Szerves
Pesticide	Peszticid
Pollution	Szennyezés
Recycle	Újrahasznosít
Reduce	Csökkentés
Sustainable	Fenntartható
Volunteer	Önkéntes
Water	Víz

Countries #2
Országok #2

Albania	Albánia
Denmark	Dánia
Ethiopia	Etiópia
Greece	Görögország
Haiti	Haiti
Jamaica	Jamaica
Japan	Japán
Laos	Laosz
Lebanon	Libanon
Liberia	Libéria
Mexico	Mexikó
Nepal	Nepál
Nigeria	Nigéria
Pakistan	Pakisztán
Russia	Oroszország
Somalia	Szomália
Sudan	Szudán
Syria	Szíria
Uganda	Uganda
Ukraine	Ukrajna

Dance
Tánc

Academy	Akadémia
Art	Művészet
Body	Test
Choreography	Koreográfia
Classical	Klasszikus
Cultural	Kulturális
Culture	Kultúra
Emotion	Érzelem
Expressive	Kifejező
Grace	Kegyelem
Joyful	Vidám
Movement	Mozgás
Music	Zene
Partner	Partner
Posture	Testtartás
Rehearsal	Próba
Rhythm	Ritmus
Traditional	Hagyományos
Visual	Vizuális

Days and Months
Napok és Hónapok

April	Április
August	Augusztus
Calendar	Naptár
February	Február
Friday	Péntek
January	Január
July	Július
March	Március
Monday	Hétfő
Month	Hónap
November	November
October	Október
Saturday	Szombat
September	Szeptember
Sunday	Vasárnap
Thursday	Csütörtök
Tuesday	Kedd
Wednesday	Szerda
Week	Hét
Year	Év

Dinosaurs
Dinoszauruszok

Carnivore	Húsevő
Disappearance	Eltűnés
Earth	Föld
Enormous	Hatalmas
Evolution	Evolúció
Fossils	Fosszíliák
Herbivore	Növényevő
Large	Nagy
Mammoth	Mamut
Omnivore	Mindenevő
Powerful	Erős
Prehistoric	Őskori
Prey	Zsákmány
Raptor	Raptor
Reptile	Hüllő
Size	Méret
Species	Faj
Tail	Farok
Vicious	Gonosz
Wings	Szárnyak

Driving
Vezetés

Accident	Baleset
Brakes	Fékek
Car	Autó
Danger	Veszély
Driver	Sofőr
Fuel	Üzemanyag
Garage	Garázs
Gas	Gáz
License	Engedély
Map	Térkép
Motor	Motor
Motorcycle	Motorkerékpár
Pedestrian	Gyalogos
Police	Rendőrség
Road	Út
Safety	Biztonság
Speed	Sebesség
Traffic	Forgalom
Truck	Kamion
Tunnel	Alagút

Ecology
Ökológia

Climate	Éghajlat
Communities	Közösségek
Diversity	Sokféleség
Drought	Aszály
Fauna	Fauna
Flora	Növényvilág
Global	Globális
Habitat	Élőhely
Marine	Tengeri
Marsh	Mocsár
Mountains	Hegyek
Natural	Természetes
Nature	Természet
Plants	Növények
Resources	Források
Species	Faj
Survival	Túlélés
Sustainable	Fenntartható
Vegetation	Növényzet
Volunteers	Önkéntesek

Emotions
Érzelmek

Anger	Harag
Bliss	Boldogság
Boredom	Unalom
Calm	Nyugodt
Content	Tartalom
Embarrassed	Zavart
Excited	Izgatott
Fear	Félelem
Grateful	Hálás
Joy	Öröm
Kindness	Kedvesség
Love	Szeretet
Peace	Béke
Sadness	Szomorúság
Satisfied	Elégedett
Surprise	Meglepetés
Sympathy	Szimpátia
Tenderness	Gyengédség
Tranquility	Nyugalom

Exploration
Felfedezés

Activity	Tevékenység
Animals	Állatok
Courage	Bátorság
Cultures	Kultúrák
Determination	Meghatározás
Discovery	Felfedezés
Distant	Távoli
Excitement	Izgalom
Exhaustion	Kimerültség
Hazards	Veszélyek
Language	Nyelv
New	Új
Perilous	Veszélyes
Space	Tér
Terrain	Terep
To Learn	Tanulni
Travel	Utazás
Unknown	Ismeretlen
Wild	Vad

Family
Család

Ancestor	Ős
Aunt	Néni
Brother	Testvér
Child	Gyermek
Childhood	Gyermekkor
Children	Gyermekek
Cousin	Unokatestvér
Daughter	Lánya
Father	Apa
Grandchild	Unoka
Grandfather	Nagyapa
Grandson	Unokája
Husband	Férj
Maternal	Anyai
Mother	Anya
Nephew	Unokaöcs
Niece	Unokahúg
Paternal	Apai
Uncle	Nagybácsi
Wife	Feleség

Farm #1
Gazdaság #1

Agriculture	Mezőgazdaság
Bee	Méh
Bison	Bölény
Calf	Borjú
Cat	Macska
Chicken	Csirke
Cow	Tehén
Crow	Varjú
Dog	Kutya
Donkey	Szamár
Fence	Kerítés
Fertilizer	Trágya
Field	Mező
Goat	Kecske
Hay	Széna
Honey	Méz
Horse	Ló
Rice	Rizs
Seeds	Magok
Water	Víz

Farm #2
2. Gazdaság

Animals	Állatok
Barley	Árpa
Barn	Pajta
Corn	Kukorica
Duck	Kacsa
Farmer	Gazda
Food	Élelmiszer
Fruit	Gyümölcs
Irrigation	Öntözés
Lamb	Bárány
Llama	Láma
Meadow	Rét
Milk	Tej
Orchard	Gyümölcsös
Sheep	Juh
Shepherd	Pásztor
Tractor	Traktor
Vegetable	Növényi
Wheat	Búza
Windmill	Szélmalom

Fishing
Halászat

Bait	Csali
Basket	Kosár
Beach	Strand
Boat	Hajó
Cook	Szakács
Equipment	Felszerelés
Exaggeration	Túlzás
Fins	Uszonyok
Gills	Kopoltyúk
Hook	Horog
Jaw	Állkapocs
Lake	Tó
Ocean	Óceán
Patience	Türelem
River	Folyó
Scales	Mérleg
Season	Évszak
Water	Víz
Weight	Súly
Wire	Drót

Flowers
Virágok

Bouquet	Csokor
Calendula	Körömvirág
Clover	Lóhere
Daffodil	Nárcisz
Daisy	Százszorszép
Dandelion	Pitypang
Gardenia	Gardénia
Hibiscus	Hibiszkusz
Jasmine	Jázmin
Lavender	Levendula
Lilac	Halványlila
Lily	Liliom
Magnolia	Magnólia
Orchid	Orchidea
Peony	Bazsarózsa
Petal	Szirom
Plumeria	Plumeria
Poppy	Mák
Sunflower	Napraforgó
Tulip	Tulipán

Food #1
Élelmiszer #1

Apricot	Sárgabarack
Barley	Árpa
Basil	Bazsalikom
Carrot	Sárgarépa
Cinnamon	Fahéj
Garlic	Fokhagyma
Juice	Gyümölcslé
Lemon	Citrom
Milk	Tej
Onion	Hagyma
Peanut	Földimogyoró
Pear	Körte
Salad	Saláta
Salt	Só
Soup	Leves
Spinach	Spenót
Strawberry	Eper
Sugar	Cukor
Tuna	Tonhal
Turnip	Fehérrépa

Food #2
Élelmiszer # 2

Apple	Alma
Artichoke	Articsóka
Banana	Banán
Broccoli	Brokkoli
Celery	Zeller
Cheese	Sajt
Cherry	Cseresznye
Chicken	Csirke
Chocolate	Csokoládé
Egg	Tojás
Eggplant	Padlizsán
Fish	Hal
Grape	Szőlő
Ham	Sonka
Kiwi	Kivi
Mushroom	Gomba
Rice	Rizs
Tomato	Paradicsom
Wheat	Búza
Yogurt	Joghurt

Fruit
Gyümölcs

Apple	Alma
Apricot	Sárgabarack
Avocado	Avokádó
Banana	Banán
Berry	Bogyó
Cherry	Cseresznye
Coconut	Kókuszdió
Fig	Ábra
Grape	Szőlő
Guava	Gujávafa
Kiwi	Kivi
Lemon	Citrom
Mango	Mangó
Melon	Dinnye
Nectarine	Nektarin
Papaya	Papaja
Peach	Őszibarack
Pear	Körte
Pineapple	Ananász
Raspberry	Málna

Furniture
Bútor

Armchair	Fotel
Armoire	Armoire
Bed	Ágy
Bench	Pad
Bookcase	Könyvespolc
Chair	Szék
Comforters	Paplanok
Couch	Kanapé
Curtains	Függönyök
Cushions	Párnák
Desk	Íróasztal
Dresser	Komód
Futon	Futon
Hammock	Függőágy
Lamp	Lámpa
Mattress	Matrac
Mirror	Tükör
Pillow	Párna
Rug	Szőnyeg
Shelves	Polcok

Garden
Kert

Bench	Pad
Bush	Bokor
Fence	Kerítés
Flower	Virág
Garage	Garázs
Garden	Kert
Grass	Fű
Hammock	Függőágy
Hose	Tömlő
Lawn	Gyep
Orchard	Gyümölcsös
Pond	Tavacska
Porch	Tornác
Rake	Gereblye
Shovel	Lapát
Terrace	Terasz
Trampoline	Trambulin
Tree	Fa
Vine	Szőlő
Weeds	Gyomok

Geography
Földrajz

Altitude	Magasság
Atlas	Atlasz
City	Város
Continent	Kontinens
Country	Ország
Hemisphere	Félteke
Island	Sziget
Latitude	Szélesség
Map	Térkép
Meridian	Meridián
Mountain	Hegy
North	Észak
Ocean	Óceán
Region	Vidék
River	Folyó
Sea	Tenger
South	Dél
Territory	Terület
West	Nyugat
World	Világ

Geology
Geológia

Acid	Sav
Calcium	Kalcium
Cavern	Barlang
Continent	Kontinens
Coral	Korall
Crystals	Kristályok
Cycles	Ciklusok
Earthquake	Földrengés
Erosion	Erózió
Fossil	Fosszilis
Geyser	Gejzír
Lava	Láva
Layer	Réteg
Molten	Olvadt
Plateau	Fennsík
Quartz	Kvarc
Salt	Só
Stalactite	Cseppkő
Stone	Kő
Volcano	Vulkán

Hair Types
Haj Típusok

Bald	Kopasz
Black	Fekete
Blond	Szőke
Braided	Fonott
Braids	Zsinór
Brown	Barna
Colored	Színes
Curls	Fürtök
Curly	Göndör
Dry	Száraz
Gray	Szürke
Healthy	Egészséges
Long	Hosszú
Shiny	Fényes
Short	Rövid
Soft	Puha
Thick	Vastag
Thin	Vékony
Wavy	Hullámos
White	Fehér

Herbalism
Herbalism

Aromatic	Aromás
Basil	Bazsalikom
Beneficial	Előnyös
Culinary	Konyhai
Fennel	Édeskömény
Flavor	Íz
Flower	Virág
Garden	Kert
Garlic	Fokhagyma
Green	Zöld
Ingredient	Összetevő
Lavender	Levendula
Marjoram	Majoránna
Mint	Menta
Oregano	Oregánó
Parsley	Petrezselyem
Plant	Növény
Rosemary	Rozmaring
Saffron	Sáfrány
Tarragon	Tárkony

Hiking
Túrázás

Animals	Állatok
Boots	Csizma
Camping	Kemping
Cliff	Szikla
Climate	Éghajlat
Guides	Útmutatók
Hazards	Veszélyek
Heavy	Nehéz
Map	Térkép
Mosquitoes	Szúnyogok
Mountain	Hegy
Nature	Természet
Orientation	Orientáció
Parks	Parkok
Preparation	Előkészítés
Stones	Kövek
Sun	Nap
Tired	Fáradt
Water	Víz
Wild	Vad

House
Ház

Attic	Padlás
Broom	Seprű
Curtains	Függönyök
Door	Ajtó
Fence	Kerítés
Fireplace	Kandalló
Floor	Padló
Furniture	Bútor
Garage	Garázs
Garden	Kert
Keys	Kulcsok
Kitchen	Konyha
Lamp	Lámpa
Library	Könyvtár
Mirror	Tükör
Roof	Tető
Room	Szoba
Shower	Zuhany
Wall	Fal
Window	Ablak

Human Body
Emberi Test

Ankle	Boka
Blood	Vér
Bones	Csontok
Brain	Agy
Chin	Áll
Ear	Fül
Elbow	Könyök
Face	Arc
Finger	Ujj
Hand	Kéz
Head	Fej
Heart	Szív
Jaw	Állkapocs
Knee	Térd
Leg	Láb
Mouth	Száj
Neck	Nyak
Nose	Orr
Shoulder	Váll
Skin	Bőr

Insects
Rovarok

Ant	Hangya
Aphid	Levéltetű
Bee	Méh
Beetle	Bogár
Butterfly	Pillangó
Cicada	Kabóca
Cockroach	Csótány
Dragonfly	Szitakötő
Flea	Bolha
Grasshopper	Szöcske
Ladybug	Katicabogár
Larva	Lárva
Mantis	Sáska
Mosquito	Szúnyog
Moth	Moly
Termite	Termesz
Wasp	Darázs
Worm	Féreg

Kitchen
Konyha

Apron	Kötény
Bowl	Tál
Cups	Csészék
Food	Élelmiszer
Forks	Villa
Freezer	Mélyhűtő
Grill	Grill
Jar	Korsó
Jug	Kancsó
Kettle	Vízforraló
Knives	Kések
Ladle	Merőkanál
Napkin	Szalvéta
Oven	Sütő
Recipe	Recept
Refrigerator	Hűtőszekrény
Spices	Fűszerek
Sponge	Szivacs
Spoons	Kanalak
To Eat	Enni

Landscapes
Tájképek

Beach	Strand
Cave	Barlang
Desert	Sivatag
Geyser	Gejzír
Glacier	Gleccser
Hill	Domb
Iceberg	Jéghegy
Island	Sziget
Lake	Tó
Mountain	Hegy
Oasis	Oázis
Ocean	Óceán
Peninsula	Félsziget
River	Folyó
Sea	Tenger
Swamp	Mocsár
Tundra	Tundra
Valley	Völgy
Volcano	Vulkán
Waterfall	Vízesés

Literature
Irodalom

Analogy	Analógia
Analysis	Elemzés
Anecdote	Anekdota
Author	Szerző
Biography	Életrajz
Conclusion	Következtetés
Description	Leírás
Dialogue	Párbeszéd
Fiction	Fikció
Metaphor	Metafora
Narrator	Narrátor
Novel	Regény
Opinion	Vélemény
Poem	Vers
Poetic	Költői
Rhyme	Rím
Rhythm	Ritmus
Style	Stílus
Theme	Téma
Tragedy	Tragédia

Mammals
Emlősök

Bear	Medve
Beaver	Hód
Bull	Bika
Cat	Macska
Coyote	Prérifarkas
Dog	Kutya
Dolphin	Delfin
Elephant	Elefánt
Fox	Róka
Giraffe	Zsiráf
Gorilla	Gorilla
Horse	Ló
Kangaroo	Kenguru
Lion	Oroszlán
Monkey	Majom
Rabbit	Nyúl
Sheep	Juh
Whale	Bálna
Wolf	Farkas
Zebra	Zebra

Math
Matematika

Angles	Szögek
Arithmetic	Számtan
Decimal	Tizedes
Degrees	Fok
Diameter	Átmérő
Equation	Egyenlet
Exponent	Kitevő
Fraction	Töredék
Geometry	Geometria
Numbers	Számok
Parallel	Párhuzamos
Perimeter	Kerület
Perpendicular	Merőleges
Polygon	Poligon
Radius	Sugár
Rectangle	Téglalap
Square	Négyzet
Sum	Összeg
Symmetry	Szimmetria
Triangle	Háromszög

Measurements
Mérések

Byte	Bájt
Centimeter	Centiméter
Decimal	Tizedes
Degree	Fokozat
Depth	Mélység
Gram	Gramm
Height	Magasság
Inch	Hüvelyk
Kilogram	Kilogramm
Kilometer	Kilométer
Length	Hossz
Liter	Liter
Mass	Tömeg
Meter	Mérő
Minute	Perc
Ounce	Uncia
Pint	Pint
Ton	Tonna
Weight	Súly
Width	Szélesség

Meditation
Elmélkedés

Acceptance	Elfogadás
Awake	Ébren
Breathing	Légzés
Calm	Nyugodt
Clarity	Világosság
Compassion	Együttérzés
Emotions	Érzelmek
Gratitude	Hála
Habits	Szokások
Kindness	Kedvesség
Mental	Mentális
Mind	Elme
Movement	Mozgás
Music	Zene
Nature	Természet
Peace	Béke
Perspective	Perspektíva
Silence	Csend
Thoughts	Gondolatok
To Learn	Tanulni

Musical Instruments
Hangszerek

Banjo	Bendzsó
Bassoon	Fagott
Cello	Cselló
Chimes	Harangjáték
Clarinet	Klarinét
Drum	Dob
Flute	Fuvola
Gong	Gong
Guitar	Gitár
Harmonica	Harmonika
Harp	Hárfa
Mandolin	Mandolin
Marimba	Marimba
Oboe	Oboa
Piano	Zongora
Saxophone	Szaxofon
Tambourine	Csörgődob
Trombone	Harsona
Trumpet	Trombita
Violin	Hegedű

Mythology
Mitológia

Archetype	Archetípus
Behavior	Viselkedés
Beliefs	Hiedelmek
Creation	Teremtés
Creature	Teremtmény
Culture	Kultúra
Deities	Istenségek
Disaster	Katasztrófa
Heaven	Menny
Hero	Hős
Jealousy	Féltékenység
Labyrinth	Labirintus
Legend	Legenda
Lightning	Villám
Monster	Szörny
Mortal	Halandó
Revenge	Bosszú
Strength	Erő
Thunder	Mennydörgés
Warrior	Harcos

Nature
Természet

Animals	Állatok
Arctic	Sarkvidéki
Beauty	Szépség
Bees	Méhek
Cliffs	Sziklák
Clouds	Felhők
Desert	Sivatag
Dynamic	Dinamikus
Erosion	Erózió
Fog	Köd
Foliage	Lombozat
Forest	Erdő
Glacier	Gleccser
Peaceful	Békés
River	Folyó
Sanctuary	Szentély
Serene	Derűs
Tropical	Trópusi
Vital	Létfontosságú
Wild	Vad

Numbers
Számok

Decimal	Tizedes
Eight	Nyolc
Eighteen	Tizennyolc
Fifteen	Tizenöt
Five	Öt
Four	Négy
Fourteen	Tizennégy
Nine	Kilenc
Nineteen	Tizenkilenc
One	Egy
Seven	Hét
Seventeen	Tizenhét
Six	Hat
Sixteen	Tizenhat
Ten	Tíz
Thirteen	Tizenhárom
Three	Három
Twelve	Tizenkettő
Twenty	Húsz
Two	Kettő

Nutrition
Teljesítmény

Appetite	Étvágy
Bitter	Keserű
Calories	Kalória
Carbohydrates	Szénhidrátok
Diet	Diéta
Digestion	Emésztés
Edible	Ehető
Fermentation	Erjesztés
Flavor	Íz
Habits	Szokások
Health	Egészség
Healthy	Egészséges
Liquids	Folyadékok
Nutrient	Tápanyag
Proteins	Fehérjék
Quality	Minőség
Sauce	Szósz
Toxin	Toxin
Vitamin	Vitamin
Weight	Súly

Ocean
Óceán

Algae	Alga
Coral	Korall
Crab	Rák
Dolphin	Delfin
Eel	Angolna
Fish	Hal
Jellyfish	Medúza
Octopus	Polip
Oyster	Osztriga
Reef	Zátony
Salt	Só
Seaweed	Hínár
Shark	Cápa
Shrimp	Garnélarák
Sponge	Szivacs
Storm	Vihar
Tides	Árapály
Tuna	Tonhal
Turtle	Teknős
Whale	Bálna

Pets
Háziállatok

Cat	Macska
Collar	Gallér
Cow	Tehén
Dog	Kutya
Fish	Hal
Food	Élelmiszer
Goat	Kecske
Hamster	Hörcsög
Kitten	Cica
Leash	Póráz
Lizard	Gyík
Mouse	Egér
Parrot	Papagáj
Paws	Mancsok
Puppy	Kiskutya
Rabbit	Nyúl
Tail	Farok
Turtle	Teknős
Veterinarian	Állatorvos
Water	Víz

Pirates
Kalózok

Adventure	Kaland
Anchor	Horgony
Bad	Rossz
Beach	Strand
Captain	Kapitány
Cave	Barlang
Coins	Érmék
Compass	Iránytű
Crew	Legénység
Danger	Veszély
Flag	Zászló
Gold	Arany
Island	Sziget
Legend	Legenda
Map	Térkép
Parrot	Papagáj
Rum	Rum
Scar	Heg
Sword	Kard
Treasure	Kincs

Plants
Növények

Bamboo	Bambusz
Bean	Bab
Berry	Bogyó
Botany	Botanika
Bush	Bokor
Cactus	Kaktusz
Fertilizer	Trágya
Flora	Növényvilág
Flower	Virág
Foliage	Lombozat
Forest	Erdő
Garden	Kert
Grass	Fű
Ivy	Borostyán
Moss	Moha
Petal	Szirom
Root	Gyökér
Stem	Szár
Tree	Fa
Vegetation	Növényzet

Professions #1
Foglalkozások #1

Ambassador	Nagykövet
Astronomer	Csillagász
Attorney	Ügyvéd
Banker	Bankár
Cartographer	Térképész
Coach	Edző
Dancer	Táncos
Doctor	Orvos
Editor	Szerkesztő
Firefighter	Tűzoltó
Geologist	Geológus
Hunter	Vadász
Jeweler	Ékszerész
Musician	Zenész
Nurse	Ápoló
Pianist	Zongorista
Psychologist	Pszichológus
Sailor	Tengerész
Tailor	Szabó
Veterinarian	Állatorvos

Professions #2
Foglalkozások #2

Astronaut	Űrhajós
Biologist	Biológus
Dentist	Fogorvos
Detective	Nyomozó
Engineer	Mérnök
Farmer	Gazda
Gardener	Kertész
Illustrator	Illusztrátor
Inventor	Feltaláló
Journalist	Újságíró
Librarian	Könyvtáros
Linguist	Nyelvész
Painter	Festő
Philosopher	Filozófus
Photographer	Fotós
Physician	Orvos
Pilot	Pilóta
Surgeon	Sebész
Teacher	Tanár
Zoologist	Zoológus

Rainforest
Esőerdők

Amphibians	Kétéltűek
Birds	Madarak
Botanical	Botanika
Climate	Éghajlat
Clouds	Felhők
Community	Közösség
Diversity	Sokféleség
Insects	Rovarok
Jungle	Dzsungel
Mammals	Emlősök
Moss	Moha
Nature	Természet
Preservation	Megőrzés
Refuge	Menedék
Respect	Tisztelet
Restoration	Helyreállítás
Species	Faj
Survival	Túlélés
Valuable	Értékes

Restaurant #1
Étterem #1

Allergy	Allergia
Bowl	Tál
Bread	Kenyér
Cashier	Pénztáros
Chicken	Csirke
Coffee	Kávé
Dessert	Desszert
Food	Élelmiszer
Ingredients	Összetevők
Kitchen	Konyha
Knife	Kés
Meat	Hús
Menu	Menü
Napkin	Szalvéta
Plate	Tányér
Reservation	Foglalás
Sauce	Szósz
Spicy	Fűszeres
To Eat	Enni
Waitress	Pincérnő

Restaurant #2
Étterem #2

Beverage	Ital
Cake	Torta
Chair	Szék
Delicious	Finom
Dinner	Vacsora
Eggs	Tojás
Fish	Hal
Fork	Villa
Fruit	Gyümölcs
Ice	Jég
Lunch	Ebéd
Noodles	Tészta
Salad	Saláta
Salt	Só
Soup	Leves
Spices	Fűszerek
Spoon	Kanál
Vegetables	Zöldségek
Waiter	Pincér
Water	Víz

School #1
Iskola #1

Alphabet	Ábécé
Answers	Válaszok
Books	Könyvek
Chair	Szék
Classroom	Tanterem
Exams	Vizsgák
Folders	Mappák
Friends	Barátok
Fun	Móka
Library	Könyvtár
Lunch	Ebéd
Math	Matematika
Paper	Papír
Pencil	Ceruza
Pens	Toll
Quiz	Kvíz
Teacher	Tanár
To Learn	Tanulni
To Read	Olvasni
To Write	Írni

School #2
Iskola #2

Academic	Akadémiai
Activities	Tevékenységek
Backpack	Hátizsák
Books	Könyvek
Bus	Busz
Calendar	Naptár
Computer	Számítógép
Dictionary	Szótár
Education	Oktatás
Eraser	Radír
Grammar	Nyelvtan
Library	Könyvtár
Literature	Irodalom
Paper	Papír
Pencil	Ceruza
Science	Tudomány
Scissors	Olló
Supplies	Kellékek
Teacher	Tanár
Weekends	Hétvégén

Science
Tudomány

Atom	Atom
Chemical	Kémiai
Climate	Éghajlat
Data	Adat
Evolution	Evolúció
Experiment	Kísérlet
Fact	Tény
Fossil	Fosszilis
Gravity	Gravitáció
Hypothesis	Hipotézis
Laboratory	Laboratórium
Method	Módszer
Molecules	Molekulák
Nature	Természet
Observation	Megfigyelés
Organism	Szervezet
Particles	Részecskék
Physics	Fizika
Plants	Növények
Scientist	Tudós

Science Fiction
Sci-Fi

Atomic	Atomi
Books	Könyvek
Chemicals	Vegyszerek
Cinema	Mozi
Dystopia	Dystopia
Explosion	Robbanás
Extreme	Szélsőséges
Fantastic	Fantasztikus
Fire	Tűz
Futuristic	Futurisztikus
Galaxy	Galaxis
Illusion	Illúzió
Imaginary	Képzeletbeli
Mysterious	Rejtélyes
Oracle	Jóslat
Planet	Bolygó
Robots	Robotok
Technology	Technológia
Utopia	Utópia
World	Világ

Scientific Disciplines
Tudományos Tudományágak

Anatomy	Anatómia
Archaeology	Régészet
Astronomy	Csillagászat
Biochemistry	Biokémia
Biology	Biológia
Botany	Botanika
Chemistry	Kémia
Ecology	Ökológia
Geology	Geológia
Immunology	Immunológia
Kinesiology	Kineziológia
Linguistics	Nyelvészet
Mechanics	Mechanika
Mineralogy	Ásványtan
Neurology	Neurológia
Physiology	Fiziológia
Psychology	Pszichológia
Sociology	Szociológia
Thermodynamics	Termodinamika
Zoology	Állattan

Shapes
Alakzatok

Arc	Ív
Circle	Kör
Cone	Kúp
Corner	Sarok
Cube	Kocka
Cylinder	Henger
Edges	Élek
Ellipse	Ellipszis
Hyperbola	Hiperbola
Line	Vonal
Oval	Ovális
Polygon	Poligon
Prism	Prizma
Pyramid	Piramis
Rectangle	Téglalap
Round	Kerek
Side	Oldal
Sphere	Gömb
Square	Négyzet
Triangle	Háromszög

Spices
Fűszerek

Anise	Ánizs
Bitter	Keserű
Cardamom	Kardamom
Cinnamon	Fahéj
Clove	Szegfűszeg
Coriander	Koriander
Cumin	Kömény
Curry	Curry
Fennel	Édeskömény
Fenugreek	Görögszéna
Flavor	Íz
Garlic	Fokhagyma
Ginger	Gyömbér
Nutmeg	Szerecsendió
Onion	Hagyma
Paprika	Paprika
Saffron	Sáfrány
Salt	Só
Sweet	Édes
Vanilla	Vanília

Sports
Sport

Athlete	Atléta
Baseball	Baseball
Basketball	Kosárlabda
Bicycle	Kerékpár
Championship	Bajnokság
Coach	Edző
Game	Játék
Golf	Golf
Gymnastics	Torna
Hockey	Hoki
Movement	Mozgás
Player	Játékos
Referee	Játékvezető
Stadium	Stadion
Team	Csapat
Tennis	Tenisz
To Swim	Úszni
Winner	Győztes

Summer
Nyár

Beach	Strand
Books	Könyvek
Camping	Kemping
Diving	Búvárkodás
Family	Család
Food	Élelmiszer
Friends	Barátok
Games	Játékok
Garden	Kert
Home	Otthon
Joy	Öröm
Leisure	Szabadidő
Music	Zene
Relaxation	Kikapcsolódás
Sandals	Szandál
Sea	Tenger
Stars	Csillagok
To Swim	Úszni
Travel	Utazás
Vacation	Nyaralás

Surfing
Szörfözés

Athlete	Atléta
Beach	Strand
Beginner	Kezdő
Champion	Bajnok
Crowds	Tömeg
Extreme	Szélsőséges
Foam	Hab
Fun	Móka
Ocean	Óceán
Popular	Népszerű
Reef	Zátony
Speed	Sebesség
Spray	Spray
Stomach	Gyomor
Strength	Erő
Style	Stílus
To Swim	Úszni
Wave	Hullám
Weather	Időjárás

Technology
Technológia

Blog	Blog
Browser	Böngésző
Bytes	Bájt
Camera	Kamera
Computer	Számítógép
Cursor	Kurzor
Data	Adat
Digital	Digitális
Display	Kijelző
File	Fájl
Font	Betűtípus
Internet	Internet
Message	Üzenet
Research	Kutatás
Screen	Képernyő
Security	Biztonság
Software	Szoftver
Statistics	Statisztika
Virtual	Virtuális
Virus	Vírus

Time
Idő

Annual	Éves
Before	Előtt
Calendar	Naptár
Century	Század
Day	Nap
Decade	Évtized
Early	Korai
Future	Jövő
Hour	Óra
Minute	Perc
Month	Hónap
Morning	Reggel
Night	Éjszaka
Noon	Dél
Now	Most
Soon	Hamar
Today	Ma
Week	Hét
Year	Év
Yesterday	Tegnap

To Fill
Töltse Ki

Bag	Táska
Barrel	Hordó
Basket	Kosár
Bottle	Üveg
Box	Doboz
Bucket	Vödör
Carton	Karton
Crate	Láda
Drawer	Fiók
Envelope	Boríték
Folder	Mappa
Jar	Korsó
Packet	Csomag
Pocket	Zseb
Suitcase	Bőrönd
Tray	Tálca
Tub	Kád
Tube	Cső
Vase	Váza
Vessel	Hajó

Town
Város

Airport	Repülőtér
Bakery	Pékség
Bank	Bank
Bookstore	Könyvesbolt
Cinema	Mozi
Clinic	Klinika
Florist	Virágárus
Gallery	Galéria
Hotel	Szálloda
Library	Könyvtár
Market	Piac
Museum	Múzeum
Pharmacy	Gyógyszertár
School	Iskola
Stadium	Stadion
Store	Bolt
Supermarket	Szupermarket
Theater	Színház
University	Egyetem
Zoo	Állatkert

Toys
Játékok

Airplane	Repülőgép
Ball	Labda
Bicycle	Kerékpár
Boat	Hajó
Books	Könyvek
Car	Autó
Chess	Sakk
Clay	Agyag
Crafts	Kézművesség
Crayons	Ceruzák
Doll	Baba
Drums	Dobok
Favorite	Kedvenc
Games	Játékok
Imagination	Képzelet
Kite	Sárkány
Puzzle	Puzzle
Robot	Robot
Train	Vonat
Truck	Kamion

Vacation #1
Nyaralás #1

Airplane	Repülőgép
Backpack	Hátizsák
Car	Autó
Currency	Valuta
Customs	Vám
Departure	Indulás
Expedition	Expedíció
Itinerary	Útvonal
Lake	Tó
Museum	Múzeum
Relaxation	Kikapcsolódás
Suitcase	Bőrönd
Ticket	Jegy
To Go	Menni
To Swim	Úszni
Tourist	Turista
Tram	Villamos
Umbrella	Esernyő

Vacation #2
Nyaralás #2

Airport	Repülőtér
Beach	Strand
Camping	Kemping
Foreigner	Külföldi
Holiday	Nyaralás
Hotel	Szálloda
Island	Sziget
Journey	Utazás
Leisure	Szabadidő
Map	Térkép
Mountains	Hegyek
Passport	Útlevél
Reservations	Foglalások
Restaurant	Étterem
Sea	Tenger
Taxi	Taxi
Tent	Sátor
Train	Vonat
Transportation	Szállítás
Visa	Vízum

Vegetables
Zöldségfélék

Artichoke	Articsóka
Broccoli	Brokkoli
Carrot	Sárgarépa
Cauliflower	Karfiol
Celery	Zeller
Cucumber	Uborka
Eggplant	Padlizsán
Garlic	Fokhagyma
Ginger	Gyömbér
Mushroom	Gomba
Onion	Hagyma
Parsley	Petrezselyem
Pea	Borsó
Pumpkin	Tök
Radish	Retek
Salad	Saláta
Shallot	Mogyoróhagyma
Spinach	Spenót
Tomato	Paradicsom
Turnip	Fehérrépa

Vehicles
Járművek

Airplane	Repülőgép
Ambulance	Mentőautó
Bicycle	Kerékpár
Boat	Hajó
Bus	Busz
Car	Autó
Caravan	Lakókocsi
Ferry	Komp
Helicopter	Helikopter
Motor	Motor
Raft	Tutaj
Rocket	Raréta
Scooter	Robogó
Subway	Metró
Taxi	Taxi
Tires	Gumik
Tractor	Traktor
Train	Vonat
Truck	Kamion
Van	Furgon

Virtues #1
Erények #1

Artistic	Művészi
Charming	Bájos
Clean	Tiszta
Confident	Magabiztos
Curious	Kíváncsi
Decisive	Döntő
Efficient	Hatékony
Funny	Vicces
Generous	Nagylelkű
Good	Jó
Helpful	Hasznos
Independent	Független
Intelligent	Intelligens
Modest	Szerény
Passionate	Szenvedélyes
Patient	Beteg
Practical	Gyakorlati
Reliable	Megbízható
Wise	Bölcs

Visual Arts
Vizuális Művészetek

Architecture	Építészet
Artist	Művész
Ceramics	Kerámia
Chalk	Kréta
Charcoal	Faszén
Clay	Agyag
Composition	Összetétel
Creativity	Kreativitás
Easel	Festőállvány
Film	Film
Masterpiece	Mestermű
Painting	Festmény
Pen	Toll
Pencil	Ceruza
Perspective	Perspektíva
Photograph	Fénykép
Portrait	Portré
Sculpture	Szobor
Stencil	Stencil
Wax	Viasz

Water
Víz

Canal	Csatorna
Damp	Nedves
Evaporation	Párolgás
Flood	Árvíz
Frost	Fagy
Geyser	Gejzír
Humidity	Páratartalom
Hurricane	Hurrikán
Ice	Jég
Irrigation	Öntözés
Lake	Tó
Moisture	Nedvesség
Monsoon	Monszun
Ocean	Óceán
Rain	Eső
River	Folyó
Shower	Zuhany
Snow	Hó
Steam	Gőz
Waves	Hullámok

Weather
Időjárás

Atmosphere	Légkör
Breeze	Szellő
Climate	Éghajlat
Cloud	Felhő
Drought	Aszály
Dry	Száraz
Fog	Köd
Hurricane	Hurrikán
Ice	Jég
Lightning	Villám
Monsoon	Monszun
Polar	Poláris
Rainbow	Szivárvány
Sky	Ég
Storm	Vihar
Temperature	Hőmérséklet
Thunder	Mennydörgés
Tornado	Tornádó
Tropical	Trópusi
Wind	Szél

Congratulations

You made it!

We hope you enjoyed this book as much as we enjoyed making it. We do our best to make high quality games.
These puzzles are designed in a clever way for you to learn actively while having fun!

Did you love them?

A Simple Request

Our books exist thanks your reviews. Could you help us by leaving one now?

Here is a short link which will take you to your order review page:

BestBooksActivity.com/Review50

MONSTER CHALLENGE!

Challenge #1

Ready for Your Bonus Game? We use them all the time but they are not so easy to find. Here are **Synonyms**!

Note 5 words you discovered in each of the Puzzles noted below (#21, #36, #76) and try to find 2 synonyms for each word.

Note 5 Words from *Puzzle 21*

Words	Synonym 1	Synonym 2

Note 5 Words from *Puzzle 36*

Words	Synonym 1	Synonym 2

Note 5 Words from *Puzzle 76*

Words	Synonym 1	Synonym 2

Challenge #2

Now that you are warmed-up, note 5 words you discovered in each Puzzle
noted below (#9, #17, #25) and try to find 2 antonyms for each word.
How many lines can you do in 20 minutes?

Note 5 Words from **Puzzle 9**

Words	Antonym 1	Antonym 2

Note 5 Words from **Puzzle 17**

Words	Antonym 1	Antonym 2

Note 5 Words from **Puzzle 25**

Words	Antonym 1	Antonym 2

Challenge #3

Wonderful, this monster challenge is nothing to you!

Ready for the last one? Choose your 10 favorite words discovered in any of the Puzzles and note them below.

1.	6.
2.	7.
3.	8.
4.	9.
5.	10.

Now, using these words and within a maximum of six sentences, your challenge is to compose a text about a person, animal or place that you love!

Tip: You can use the last blank page of this book as a draft!

Your Writing:

_____

_____

_____

_____

_____

_____

_____

Explore a Unique Store
Set Up **FOR YOU!**

MEGA DEALS

BestActivityBooks.com/**TheStore**

Designed for Entertainment!

Light Up Your Brain With Unique **Gift Ideas**.

Access **Surprising** And **Essential Supplies!**

CHECK OUT OUR MONTHLY SELECTION NOW!

- Expertly Crafted Products -

NOTEBOOK:

SEE YOU SOON!

Linguas Classics Team